Mehr von Tina Folsom

Scanguards Vampire
Samsons Sterbliche Geliebte
Amaurys Hitzköpfige Rebellin
Gabriels Gefährtin
Yvettes Verzauberung
Zanes Erlösung
Quinns Unendliche Liebe
Olivers Versuchung
Thomas' Entscheidung
Ewiger Biss (Novelle)
Cains Geheimnis
Luthers Rückkehr
Brennender Wunsch (Novelle)
Blakes Versprechen
Schicksalhafter Bund (Novelle)
Johns Sehnsucht

Hüter der Nacht
Geliebter Unsichtbarer
Entfesselter Bodyguard
Vertrauter Hexer
Verbotener Beschützer
Verlockender Unsterblicher
Übersinnlicher Retter
Unwiderstehlicher Dämon

Jenseits des Olymps
Ein Grieche für alle Fälle
Ein Grieche zum Heiraten
Ein Grieche im 7. Himmel
Ein Grieche für Immer

Der Club der ewigen Junggesellen
Begleiterin für eine Nacht
Begleiterin für tausend Nächte
Begleiterin für alle Zeit
Eine unvergessliche Nacht
Eine langsame Verführung
Eine hemmungslose Berührung

Der Clan der Vampire – Venedig 1 & 2
Der Clan der Vampire – Venedig 3 & 4

BRENNENDER WUNSCH

EINE SCANGUARDS VAMPIR NOVELLE

ZWEISPRACHIGE AUSGABE

TINA FOLSOM

Der Verkauf dieses Buches ohne Buchumschlag ist nicht autorisiert. Wenn Sie dieses Buch ohne Buchumschlag finden, wurde es dem Verleger als ‚unverkauft und vernichtet' berichtet und weder der Autor noch der Verleger wurde dafür bezahlt.

Brennender Wunsch ist ein fiktives Werk. Namen, Charaktere, Orte und Geschehnisse wurden erfunden. Jegliche Ähnlichkeit mit wirklichen Orten, Ereignissen, oder Personen, lebend oder verstorben, sind zufällig.

2016 Tina Folsom

Copyright © 2016 by Tina Folsom

Alle Rechte vorbehalten.

Deutsche Erstausgabe
Die Amerikanische Originalausgabe erschien 2015 unter dem Titel *Mortal Wish*

Cover Design: Leah Suttle
Cover Foto: Bigstockphoto.com
Autorenfoto: ©Marti Corn Photography

1

Auf einer Insel im Golf von Mexiko, Dezember 1991

Jake beobachtete, wie der Mann die Fähre am Dock vertäute und den Landungssteg über den Spalt zwischen Dock und Fähre zog und sicherte, bevor er dem Kapitän zurief: „Das Boot ist vertäut."

Der Kapitän winkte zurück und blickte dann zu Jake. „Schönen Aufenthalt."

Jake schritt über den Steg und trat aufs Dock. Er war der einzige Fahrgast auf der Abendfähre gewesen. Er nahm an, dass die meisten Besucher dieser kleinen Insel mit knapp eintausend Einwohnern bereits mit einer früheren Fähre eingetroffen waren, doch er hatte keine Wahl gehabt. Während des Tages zu reisen war ihm unmöglich.

„Mr. Stone?"

Als jemand seinen Namen rief, drehte er seinen Kopf und sah

On an island in the Gulf of Mexico, December 1991

Jake watched the man as he tied the ferry to the boat dock, then proceeded to move the gangplank over the gap between dock and ferry and secure it tightly, before he hollered to the captain, "Boat's tied up."

The captain waved back, then shifted his gaze to Jake. "Have a pleasant stay."

Jake walked over the gangplank and onto the dock. He'd been the only passenger on the evening ferry. He assumed that most visitors descending upon this tiny island of barely one thousand inhabitants had done so with an earlier ferry, but he hadn't had a choice. Traveling during daylight hours was impossible for him.

einen schlaksigen Jungen, der nicht älter als zwanzig sein konnte, ihm von der Hütte der Hafenmeisterei aus zuwinken. Das rote Haar des Jungen war wie ein Leuchtfeuer in der Nacht, genauso wie der Duft, der von ihm ausging: frisches, jugendliches Blut.

Glücklicherweise hatte Jake vor seiner Abreise vom Festland reichlich Blut zu sich genommen, da er auf der kleinen Insel nicht beim Jagen erwischt werden wollte. Er hatte auch Blut eingepackt, das er aus einer Blutbank in New York gestohlen hatte, wo er während des letzten Jahres gelebt hatte. Dort war die Anonymität sein Freund gewesen, wohingegen in kleinen Städtchen die Leute aufeinander aufpassten und einschreiten würden, wenn sie etwas Seltsames sahen – wie etwa jemanden, der am Hals eines lebendigen Menschen saugte.

„Ich bin Jake Stone", rief er, während der Junge schon auf ihn zukam. Sein Blut roch rein und reichhaltig und ein wenig zu einladend.

Als er mit seiner Reisetasche in der Hand vor dem Jugendlichen

"Mr. Stone?"

At a voice calling his name, he turned his head and noticed a gangly kid who couldn't be more than twenty years old waving at him from next to the harbor master's hut. The boy's red hair was like a beacon in the night, as was the scent that came from him: fresh, young blood.

Luckily, Jake had fed plenty before his departure from the mainland, not wanting to be caught hunting on the small island. He'd also packed blood he'd stolen from a blood bank in New York where he'd lived during the last year. There, anonymity had been his friend, whereas in small towns people looked out for each other and would interfere when they saw something odd happening—like him sucking on the neck of a juicy human.

"I'm Jake Stone," he called out as he approached the kid, whose blood smelled pure and rich, and just a tad too inviting.

When he stopped before the youngster, holding his

stehenblieb, schenkte ihm dieser ein breites Lächeln. „Ich bin Carl. Willkommen auf Seeker's Island. Mrs. Adams hat mich geschickt. Ich bringe Sie zum Sunseekers Inn."

Carl deutete auf die Tasche, doch Jake gab sie nicht her. „Geh voraus."

Der Junge zeigte zur Straße, die an dem kleinen Hafen vorbeiführte. „Ich habe dort drüben geparkt."

Jake zog eine Augenbraue hoch. Er hatte nicht erwartet, dass auf der Insel Autos erlaubt waren. „Wo?"

Carl deutete auf ein weißes Gefährt, das am Straßenrand stand.

„Ein Golfmobil", murmelte Jake. *Mit einem Mistelzweig, der vom Rückspiegel baumelte?*

Der Junge nickte enthusiastisch. „Wir haben keine Autos auf der Insel. Aber ich darf eines der Golfmobile benutzen, um Touristen herumzufahren. Ich meine, es gehört praktisch mir."

Jake zwang sich zu einem Lächeln und folgte ihm. Großartig: Carl war eine Plaudertasche. Genau das

overnight bag in one hand, the kid gave him a wide smile. "I'm Carl. Welcome to Seeker's Island. Mrs. Adams sent me. I'll take you to the Sunseekers Inn."

Carl made a motion for the bag, but Jake didn't relinquish it. "Lead the way."

The kid gestured to the street that ran alongside the small harbor. "I'm parked right here."

Jake arched an eyebrow. He hadn't expected this island to allow cars. "Where?"

Carl pointed toward a white object that stood at the curb.

"A golf cart," Jake murmured. *With a sprig of mistletoe dangling from its rearview mirror?*

The kid nodded enthusiastically. "We don't have cars on the island. But I get to use one of the golf carts to drive tourists around. I mean, it's practically mine."

Jake forced a smile and followed him. Great: Carl was a chatterbox. That was just

brauchte er. Wenn er eine Wahl gehabt hätte, wäre er nicht auf eine so kleine Insel wie diese, wo jeder jeden kannte, gekommen. Aber er hatte keine andere Wahl gehabt. Dies war seine letzte Option.

Als Jake sich auf dem Beifahrersitz niederließ und seine Tasche zwischen seine Füße stellte, ließ Carl den Elektromotor um und bog in die Straße ein, die an der Küste entlangführte. Häuser und Geschäfte säumten die idyllische Straße und Jake kam sich vor, als wäre er gerade nach Disneyland gekommen. Nun ja, Disneyland in Weihnachtsdekoration – da praktisch jedes Geschäft und jedes Restaurant mit bunten Lichtern, hauptsächlich roten und grünen, geschmückt war. Und vielleicht war diese Insel wie Disneyland, voll von Illusionen und den Wünschen nach Dingen, die er nicht haben konnte.

„Sind Sie hier wegen der... Sie wissen schon?", fuhr Carl fort.

Da er wusste, dass der Junge von der heißen Quelle sprach, die angeblich magische Kräfte haben sollte, gab er keine direkte

what he needed. If he'd had a choice, he wouldn't have come to a small island like this where everybody knew everybody else's business, but he hadn't had a choice. This was his last resort.

As Jake slunk into the passenger seat and set his bag between his feet, Carl started the electric engine and pulled into the street that ran alongside the coast. Houses and shops lined the quaint road and made him feel like he'd entered Disneyland. Well, Disneyland decked out for Christmas—because practically every store and restaurant was decorated with colorful lights, red and green being the dominant ones. And maybe this island was just like Disneyland, full of make believes and wishes for things he couldn't have.

"Are you here for the... you know?" Carl continued.

Knowing that the kid was referring to the hot spring that was said to have magical qualities, Jake gave no direct

Antwort, sondern ließ seine Augen Richtung Ozean und in die undurchdringliche Dunkelheit jenseits des Strandes schweifen. „Diese... du weißt schon was... funktioniert nicht wirklich, oder?"

Carl setzte sich noch aufrechter hin, als wollte er mehr Autorität ausstrahlen. „Natürlich tut sie das!" Dann senkte er seine Stimme, beugte sich näher und flüsterte: „Ich bin hier aufgewachsen. Alles, was Sie gehört haben, ist wahr. Wenn Sie davon trinken, erfüllt sich Ihr Herzenswunsch."

Jake unterdrückte das Verlangen, eine abschätzige Bemerkung von sich zu geben. Wenn die Quelle wirklich funktionierte, warum lebte dann ein junger Mann wie Carl immer noch hier und übte den undankbaren Job aus, Touristen auf der Insel herum zu chauffieren? „Sicher, wie du meinst."

Vielleicht war er nur zynisch – welcher einhundertsiebenundvierzigjährige Vampir wäre das nicht? Oder vielleicht bereitete er sich nur auf den Augenblick vor, an dem er

answer and instead let his eyes wander toward the ocean and the impenetrable darkness beyond the shore. "The... you know what... doesn't really work, does it?"

Carl sat up taller as if wanting to display more authority. "Of course it does!" Then he lowered his voice and leaned closer, whispering now. "I grew up here. Everything you've heard is true. If you drink from it, you'll get your heart's desire."

Jake suppressed the urge to scoff. If the spring really worked, why was a young man like Carl still living here, performing the thankless job of chauffeuring tourists around the island? "Sure, whatever you say."

Maybe he was just cynical—what one-hundred-forty-seven year old vampire wouldn't be? Or maybe he was simply bracing himself for the moment when he found out that the magical spring didn't actually have the power to grant any wishes.

herausfinden würde, dass die magische Quelle nicht wirklich die Macht hatte, Wünsche zu erfüllen.

„Sie werden schon sehen!", prophezeite Carl und hielt das Gefährt an. Er zeigte auf das große viktorianische Haus, das hinter einem weißen Lattenzaun stand. „Wir sind da."

Jake zog eine Fünf-Dollar-Note aus seiner Tasche und reichte sie dem Jungen. „Danke, Carl."

Der Jugendliche grinste, als er das Geld wegsteckte. „Und wenn Sie ein Taxi brauchen, fahre ich Sie gerne auf der Insel herum."

Das bezweifelte Jake nicht. Er war sich sicher, dass Gelegenheiten, auf der Insel Geld zu verdienen, rar waren. „Ich gebe dir Bescheid." Er stieg aus dem Golfmobil und ging mit seiner Tasche in der Hand zum Eingang des Hauses.

Der Elektromotor machte kaum ein Geräusch, als Carl wegfuhr.

Jake öffnete die Eingangstür und trat hinein. Das Foyer war gemütlich und hell erleuchtet. Ein Christbaum, geschmückt mit

"You'll see!" Carl prophesied and brought the cart to a stop. He pointed to the large Victorian house that stood behind a white picket fence. "We're here."

Jake pulled a five dollar bill from his pocket and handed it to the kid. "Thanks, Carl."

The youngster grinned as he pocketed the money. "And if you need any transportation on the island, I'm happy to drive you around."

Jake had no doubt about that. He was sure that opportunities for making money on the island were few and far between. "I'll let you know." He got out of the cart and walked up the entrance way to the house, bag in hand.

The electric engine made barely any sound when Carl left.

Jake opened the entrance door and entered. The foyer was cozy and well lit. A large Christmas tree adorned with antique ornaments took up half the entry hall. He had to admit—despite his aversion to

antiken Ornamenten nahm die halbe Eingangshalle ein. Er musste – trotz seiner Abneigung Weihnachten gegenüber – zugeben, dass die frische Blautanne ziemlich schön aussah und dass ihr Geruch ihn an seine Kindheit erinnerte. Erinnerungen an eine glücklichere Zeit.

Eine große Holztreppe führte zu den Obergeschossen. Links davon war ein Empfangsbereich mit einem hohen Tresen und Regalen dahinter. Er ging darauf zu und stellte seine Tasche auf dem Boden ab. Da er niemanden sah, aber spürte, dass er nicht alleine war, betätigte er die Klingel auf dem Tresen.

Als das leise Klingeln durch das Foyer schwang, hörte er plötzlich ein Rascheln und einen Augenblick später erhob sich eine Frau von hinter dem Tresen und richtete einen Ärmel ihres bunten Kleides, während sie ihn entschuldigend anlächelte. Er hatte sie zuvor nicht gesehen und auch hatten seine Sinne ihren Duft nicht wahrgenommen. Der Geruch des frischen Baumes, des Potpourris und der Duftkerzen, die auf jedem Sims und jeder

Christmas—that the fresh blue spruce looked rather pretty, and the scent brought back memories of his childhood. Memories of happier times.

A large wooden staircase led to the upper floors. To its left was a reception area, which looked like a booth with a high counter in front and shelves at the back. He approached it and set his bag on the floor. Seeing nobody, but sensing he wasn't alone, he hit the little bell on the counter.

As the soft ping chimed through the foyer, he suddenly heard a sound and an instant later, a woman rose from behind the counter, righting the sleeve of her colorful dress, while giving him an apologetic smile. He hadn't seen her earlier, nor had his senses picked up on her smell. The scent of the fresh tree, the potpourri, and the scented candles that seemed to be wherever there was a ledge or an available surface, was too overwhelming.

"Oh, dear, you've caught

freien Oberfläche standen, war zu überwältigend.

„Oh weh, Sie haben mich erwischt!" Sie kicherte und lief feuerrot an. „Diese verdammten Träger bleiben nie, wo sie sollen." Sie zog ihre Hand aus ihrem Dekolleté heraus und richtete ihren Ausschnitt zurecht.

Jake konnte sich nur vorstellen, dass sie über die Träger ihres BHs sprach und versuchte, ihre üppige Brust zu ignorieren. Stattdessen blickte er ihr ins Gesicht. Sie sah immer noch sehr attraktiv aus, auch wenn sie vermutlich schon Anfang Sechzig war. Hätte er sie vor zwanzig oder dreißig Jahren getroffen, hätte er sie verführt.

„Mrs. Adams?"

„Ja, und Sie müssen Mr. Stone sein." Sie ließ ihre Augen über sein Gesicht und seinen Körper schweifen, ohne zu verheimlichen, dass sie ihn attraktiv fand.

Er war an Blicke wie diesen gewöhnt. Frauen jeden Alters sahen ihn so an. Aber alles, was sie sahen, war sein perfektes Äußeres: das dunkle Haar, das gemeißelte Kinn, die klassische

me now!" She chuckled and blushed furiously. "Those darn straps, they never stay in place." She pulled her hand out from under her sleeve and adjusted her scoop neck.

Jake could only imagine that she was talking about her bra straps and tried not to focus on her ample chest. Instead, he looked at her face. She was still attractive even though she seemed to be in her early sixties. Had he met her twenty or thirty years ago, he would have seduced her.

"Mrs. Adams?"

"Yes, and you must be Mr. Stone." She let her eyes roam over his face and body, not hiding the fact that she found him attractive.

He was used to those looks. He got them from women of all ages. But all they saw was his perfect shell: the dark hair, the chiseled chin, the classical nose, the piercing blue eyes, and the sculpted body. What they didn't see was the man inside, the man who yearned for a real life, for a

Nase, die strahlend blauen Augen und den durchtrainierten Körper. Was sie nicht sahen, war der Mann darunter, der Mann, der sich nach einem echten Leben sehnte, nach einem sterblichen Leben. Nach einem Sinn.

„Ich habe ein wunderschönes Zimmer für Sie. Im obersten Stock. Es hat einen schönen Ausblick auf die Bucht auf der anderen Seite der Insel." Sie griff nach dem Schlüsselbrett hinter sich, nahm einen der Schlüssel herunter und legte ihn auf den Tresen.

„Ausgezeichnet." Er lächelte und schnappte sich den Schlüssel.

„Frühstück ist inklusive." Sie zeigte auf eine Tür neben der Treppe. „Zum Frühstückszimmer geht es da durch. Essen gibt es von sieben bis neun Uhr dreißig."

„Das wird nicht nötig sein. Ich bin kein Frühaufsteher. Ach ja, und wäre es möglich, dass das Zimmermädchen mein Zimmer nicht sauber macht? Ich bin ein ziemlicher Nachtmensch und schlafe sehr lange." *Bis zum Sonnenuntergang.* Schließlich vertrug er kein Tageslicht. Der verkohlte Look hatte ihm noch nie

mortal life. For a purpose.

"I have a wonderful room for you. On the top floor. It's got a gorgeous view of the bay on the other side of the island." She reached for the board of keys behind her and took one of them down, placing it on the counter.

"Perfect." He smiled and grabbed the key.

"Breakfast is included." She pointed toward a door next to the stairs. "The breakfast room is through here. We serve breakfast from seven till nine thirty."

"That won't be necessary. I'm not much of a morning person. In fact, would you mind if I declined housekeeping? I'm quite a night owl actually and sleep really late." Late as in *until sunset*. After all, daylight didn't agree with him. The charred look had never appealed to him.

"Oh?" She cast him a surprised glance. "I hope you won't be too disappointed about the nightlife here, but

zugesagt.

„Oh?" Sie warf ihm einen überraschten Blick zu. „Ich hoffe, Sie werden wegen des Nachtlebens hier nicht zu enttäuscht sein, aber es gibt so gut wie keines. Die meisten unserer Besucher sind nur wegen der heißen Quelle hier." Sie beugte sich nach vorne und ihre Brüste kamen dabei auf dem Tresen zu ruhen. „Ich nehme an, dass Sie ebenfalls deswegen hier sind?"

Jake seufzte. Er war noch nicht einmal eine halbe Stunde hier und schon hatten es zwei Leute geschafft, ihm ein und dieselbe Frage zu stellen. Aber da er ein sehr reservierter Mann war, hatte er nicht die Absicht, sich in eine Unterhaltung über seine persönlichen Wünsche ziehen zu lassen. Wünsche, die er mit niemandem teilen konnte.

„Ich habe gehört, dass man hier gut angeln kann."

Ein enttäuschter Blick breitete sich auf Mrs. Adams' Gesicht aus, als sie sich aufrichtete. „Ja, ja, das stimmt."

„Oberster Stock haben Sie gesagt?" Er zeigte auf die Treppe und hob seine Tasche, ohne auf

there's practically none. A lot of our visitors are here for the hot spring." She leaned forward, her boobs resting on the counter as she did so. "I assume you came for the same thing?"

Jake sighed. He'd been here for less than half an hour and already two people had managed to ask him the same question. But being the intensely private man he was, he had no intention of getting dragged into a conversation about his very personal desires. Desires he could share with nobody.

"I hear fishing is good out here."

A disappointed frown spread over Mrs. Adams' face as she straightened. "Yes, yes, it is."

"Top floor, you said?" He pointed toward the stairs and picked up his bag, not waiting for her answer.

"Number twenty-one. Turn left at the top of the stairs."

The stairs creaked as he walked up the first flight.

ihre Antwort zu warten.

„Nummer zweiundzwanzig. Oben nach der Treppe rechts."

Die Stufen knarzten, als er hinaufging. Läufer bedeckten den abgenutzten Boden. Jake ließ seine Augen über die alten Bilder an den Wänden und die antike Kommode schweifen, die den Gang des ersten Stocks schmückten. Seine Augen verweilten einen längeren Augenblick auf der feinen Handwerkskunst, bevor er um die Ecke bog.

Unerwartet stieß er mit etwas Weichem zusammen. Er riss seinen Kopf herum und ließ seine Tasche fallen, als er instinktiv nach der Person griff, mit der er zusammengestoßen war: eine Frau, die, mit den Armen rudernd, ihre Handtasche fallengelassen hatte. Während der Inhalt der Tasche über den Teppich rollte, griff Jake nach der Frau und bewahrte sie davor, zu stürzen.

„Ups!", rief er. „Ich hab' Sie!"

„Ohh!"

Sie atmete schwer und mit seinen überlegenen Sinnen nahm er ihren beschleunigten

Runners covered the worn floors on the landing. Jake let his eyes wander over the old paintings on the walls and the antique sideboard that adorned the second floor hallway. His eyes lingered on the fine workmanship for a moment longer, then he already continued around the banister.

He ran into something soft. His head jerked around, and his hand released the grip on his bag in the same moment that he instinctively reached for the person he'd run into. His eyes perceived a woman, her arms flailing, releasing the handbag she carried. As its contents spilled onto the floor, Jake caught the woman, preventing her from falling.

"Ooops!" he called out. "Gotcha!"

"Uhh!"

She breathed heavily, and his superior senses picked up her elevated heartbeat.

"I'm so sorry, I didn't look," he apologized.

"That's quite all right," she answered breathlessly. "It's my

Herzschlag wahr.

„Es tut mir leid, ich habe nicht aufgepasst", entschuldigte er sich.

„Schon in Ordnung", antwortete sie atemlos. „Es ist meine eigene Schuld. Ich bin ohne aufzupassen um die Ecke gebogen." Sie löste sich aus seinem Griff und trat zurück.

Jakes Augen fielen auf ihr Gesicht. Ihre Augen waren genauso blau wie seine und ihr langes Haar war von einem satten Kastanienbraun. Ihre Haut war makellos, aber blass, fast wie Porzellan, und das ließ ihre Lippen wie frisches Blut aussehen. Obwohl er gesättigt war, kam sofort ein Hunger in ihm auf. Er verdrängte ihn. Stattdessen blickte er auf die Gegenstände, die auf den Boden gefallen waren, und bückte sich.

„Lassen Sie mich Ihnen dabei helfen", bot er an und reichte ihr die Handtasche.

Sie nahm sie, ging ihm gegenüber in die Hocke und sammelte schnell einige der Gegenstände auf: einen Lippenstift, Schlüssel und ein kleines Notizbuch.

Jake gab ihr ein Taschentuch

own fault. I was running around the corner without looking." She eased from his grip and stepped back.

Jake's eyes fell on her face. Her eyes were just as blue as his, and her long hair was of a rich auburn shade. Her skin was flawless, but pale, almost like porcelain, and it made her lips look as red as fresh blood. Hunger surged within him instantly, despite the fact that he was sated. He pushed it back. Instead he looked to the items that had fallen to the floor and bent down.

"Let me help you with this," he offered and handed her the handbag.

She took it and crouched down opposite him, quickly picking up some of the fallen items: a lipstick, keys, a small notepad.

Jake handed her a handkerchief and a pen, then searched the rug for anything else that might have fallen out, but found nothing.

"I think I've got everything," she said and rose.

und einen Kugelschreiber, dann suchte er den Teppich nach allem ab, was noch herausgefallen sein konnte, fand jedoch nichts weiter.

„Ich glaube, ich habe alles", sagte sie und stand auf.

Er erhob sich ebenfalls aus seiner gebückten Position und reichte ihr zur Begrüßung seine Hand. „Ich bin übrigens Jake."

Sie zögerte, bevor sie ihm sehr kurz die Hand schüttelte. „Claire." Dann zeigte sie auf die Treppe. „Ich muss los."

Er beobachtete, wie sie die Treppe hinunter ging. Ihre Schritte hallten im Foyer wider, als sie die Eingangstür hinaus eilte. Erst als diese mit einem lauten Knall zufiel, hob er seine eigene Tasche auf und ging zu seinem Zimmer.

He got up from his hunched position and offered his hand in greeting. "I'm Jake, by the way."

She hesitated, before she shook his hand very briefly. "Claire." Then she motioned to the stairs. "I've gotta go."

He watched as she hurried down the stairs. Her footsteps echoed in the foyer as she rushed out the entrance door. Only when it fell shut with a loud thud did he pick up his own bag and proceed to his room.

2

Nach einer erfrischenden Dusche verließ Jake das Zimmer. Es war an der Zeit, das zu tun, wozu er hierher gereist war. Er durfte das Unvermeidbare nicht länger hinauszögern. Er erreichte die Stelle, an der er mit der sehr verführerischen Claire zusammengestoßen war. Einen Moment lang hielt er dort inne. Sie hatte etwas in ihm aufgewirbelt, den Wunsch in ihm geweckt, sie zu beschützen, obwohl er so etwas noch nie bei einem Menschen verspürt hatte. Er war schon immer ein Raubtier gewesen, das sich nahm, was es wollte, und sich keine Gedanken darüber machte, wem es wehtat. Aber all das war jetzt anders.

Er hatte genug davon, ein gefürchtetes Monster zu sein. Er hatte genug von seinem Leben. Zu viele Morde lagen in seiner Vergangenheit und zu viele schlimme Taten säumten seinen Weg. Die Sinnlosigkeit all dieser

After a refreshing shower, Jake left his room. It was time to do what he'd come here for. No need to drag out the inevitable. He walked down the first flight of stairs, reaching the spot where he'd run into the very enticing Claire. For a moment, he stopped there. She'd stirred something in him, awakening a sense of wanting to protect her, even though he'd never felt that way toward a human. He'd always been the predator, taking what he wanted, not caring whom he hurt. But it was all different now.

He was done being the monster they feared. He was done with this life. Too many kills lay in his past, too many bad deeds lined his path. The senselessness of it all had come full circle. His life had no

Dinge starrte ihm wieder ins Gesicht. Sein Leben hatte keine Bedeutung; das verstand er nun, nachdem er einhundertzwölf Jahre als Vampir gelebt hatte, seit er im Alter von fünfunddreißig verwandelt worden war.

Er konnte nicht länger so weitermachen: Er konnte keine Menschen mehr verletzen. Denn er hatte ein Gewissen entwickelt. Ein verdammtes Gewissen!

Er starrte auf seine Schuhe und fluchte leise. Wer hatte je von einem Vampir mit Skrupeln gehört? Aber nein, er musste plötzlich ein bedeutungsvolles Leben wollen, einen Zweck. Und er wusste, dass es nur einen Weg zu einem bedeutungsvollen Leben gab: Er musste wieder sterblich werden.

Seine Unzufriedenheit mit dem Vampirleben hatte sich langsam eingeschlichen. Jedes Mal, wenn er sah, wie Menschen einen weiteren Meilenstein in ihrem Leben feierten, eine neue Liebe, eine Hochzeit oder eine Geburt, fühlte er, wie er neidisch wurde. Und er hatte angefangen, sein elendes Leben mit ihren zu vergleichen und entdeckt, dass

meaning; he understood that now after having lived as a vampire for one-hundred-twelve years, after having been turned at the age of thirty-five.

He couldn't do it any longer: he couldn't hurt people any longer. Because he'd developed a conscience. A fucking conscience!

He stared at his shoes and cursed silently. Who'd ever heard of a vampire with scruples? But no, he had to suddenly want a meaningful life, a purpose. And he knew there was only one way to have a meaningful life: he had to become human again.

His discontent with his life as a vampire had come gradually. Every time he'd watched humans celebrate another milestone in their lives, a new love, a wedding, or a birth, he'd felt himself grow more envious. And he'd started comparing his miserable life to theirs and found it lacking. There were no joyful events in his life: he slept, he hunted, he

ihm etwas fehlte. Es gab keine fröhlichen Ereignisse in seinem Leben: Er schlief, er jagte, er trank Blut. Und er versteckte sich immer. Aber vor allem hatte er niemanden, der etwas für ihn empfand, oder für den er etwas empfand. Zärtliche Emotionen waren ihm fremd. Aber er erkannte sie in anderen, in Menschen, und er wollte dasselbe fühlen. Und wenn er das nicht erreichen konnte, wollte er lieber gar nichts empfinden.

Deshalb war er auf die Insel gekommen: um vom Wasser der heißen Quelle zu trinken und seinen Herzenswunsch herbeizusehnen. Und wenn die legendäre Quelle versagte, dann gab es nur eine letzte Lösung. Wenn er den Mut dazu aufbrachte.

Er stieß ein verbittertes Lachen aus, als er plötzlich ein Objekt unter der Kommode erblickte, die er zuvor bewundert hatte. Aus Neugier bückte er sich und griff danach. Seine Finger schlossen sich um eine transparente orangefarbene Pillendose. Er las das Etikett und erstarrte.

Sie gehörte einer Claire

fed. And he was always hiding. But most of all, he had nobody who cared for him or whom he cared about. Tender emotions were foreign to him. Yet he recognized them in others, in humans, and he wanted to feel the same. And if he couldn't achieve that, then he'd rather not feel anything at all.

That's why he'd come to the island: to drink the water of the hot spring and wish for his heart's desire. And if the legendary spring failed him, then there was only one other thing to do. If he had the courage to do it.

He let out a bitter laugh when he noticed an object beneath the sideboard he'd admired earlier. Out of curiosity, he bent down and reached for it. His fingers closed around a transparent orange colored prescription bottle. He read the label on it and froze.

It belonged to a Claire Culver—the woman he'd bumped into. The pill bottle

Culver – der Frau, mit der er zusammengestoßen war. Die Pillendose musste ihr aus der Tasche gefallen und unter die Kommode gerollt sein. Sie hatten sie beide übersehen. Er las den Namen des Medikamentes. Da er als Vampir nicht anfällig gegenüber Krankheiten war, war ihm der Name nicht bekannt, auch wenn er sich zu erinnern schien, ihn in einer Werbung gehört zu haben. Wofür war es gewesen? Er dachte nach, doch er erinnerte sich nicht.

Kopfschüttelnd züchtigte er sich für seine unangemessene Neugier und ging weiter die Treppe hinab. Es ging ihn nichts an, welche Medizin Claire nahm und wofür sie war. Sie war eine Fremde für ihn und würde eine Fremde bleiben.

Als er das Foyer erreichte, zog Mrs. Adams gerade die Vorhänge zu. Sie wandte sich um.

„Gehen Sie noch auf einen Drink aus?", fragte sie.

„Ja, ich dachte mir, ich erforsche das Nachtleben, von dem Sie vorhin gesprochen haben." Er zwinkerte ihr zu und genoss die Tatsache, dass sie

must have fallen out of her bag and rolled under the sideboard, and they had both overlooked it. He read the name of the medication. Since as a vampire he wasn't susceptible to any diseases, he wasn't familiar with the name, even though he remembered having heard it on a TV program. What had it been for? He searched his brain, but couldn't recall it.

Chastising himself for his inappropriate curiosity, he continued down the stairs. It was none of his business what medication Claire took and what it was for. She was a stranger to him and would remain a stranger.

When he reached the foyer, Mrs. Adams was pulling the curtains shut in the hallway. She turned to him.

"Out for a nightcap?" she asked.

"Yeah, I figured I'd explore that nightlife you were talking about earlier." He winked at her and enjoyed the fact that she blushed once

wieder rot anlief.

„Luke hat eine Tiki-Bar nicht weit von hier. Vielleicht wollen Sie dort vorbeischauen", schlug sie vor.

„Klingt ganz nach meinem Geschmack." Er rollte die Pillendose zwischen seinen Fingern. „Oh, und Mrs. Adams, ich habe das hier oben auf dem Boden gefunden. Es gehört Miss Culver. Sie muss es verloren haben." Er gab ihr die Dose und entschied sich, ihr nicht den Grund zu sagen, warum das Medikament aus Claires Handtasche gefallen war. „Würden Sie sie ihr geben, wenn Sie sie sehen?"

„Oh Gott." Mrs. Adams seufzte schwer und brachte ihn dazu, innezuhalten.

„Stimmt etwas nicht?"

„Naja", fing sie an, „es ist so eine Schande. Und sie ist so jung und hübsch. Hätte ihr ganzes Leben noch vor sich."

Ein kalter Schauer kroch seine Wirbelsäule hoch. „Wie bitte?"

Sie zeigte auf das Medikament. „Miss Culver." Sie trat einen Schritt näher und senkte ihre Stimme. „Ich sollte Ihnen das

more.

"Luke runs a Tiki bar not far from here. You might want to try that," she suggested.

"Sounds right up my alley." He rolled the pill bottle between his fingers. "Oh, and Mrs. Adams, I found this on the floor upstairs. It belongs to Miss Culver. She must have dropped it." He handed it to her and decided not to tell her that he was the reason it had fallen out of Claire's handbag. "Would you please give it to her when you see her?"

"Oh, dear." Mrs. Adams sighed heavily, making him pause for a moment.

"Something wrong?"

"Well," she started, "such a shame. And she's so young and pretty, too. Has her whole life ahead of her, except she doesn't."

A cold shiver crept up his spine. "Excuse me?"

She motioned to the medication. "Miss Culver." She took a step closer and lowered her voice. "I shouldn't

nicht sagen, aber da Sie ihr Medikament gefunden haben, können Sie es sich vermutlich sowieso zusammenreimen. Ich weiß es nur, weil sie vor kurzem einen Anfall hatte und ich den Arzt anrufen musste und der ist der Ehemann meiner Cousine. Und wissen Sie, sie hat es mir erzählt. Also, meine Cousine. Weil ihr Mann es ihr erzählt hat."

Jake atmete tief ein und zögerte eine Sekunde lang. Sollte er bleiben und ihr erlauben, private medizinische Informationen über Claire preiszugeben? Wäre es nicht besser, wenn er einfach wegginge und sich nicht einmischte? Doch Mrs. Adams hatte einen Anfall erwähnt und dieses Wort hatte sein Interesse geweckt.

„Ja?"

Sie beugte sich näher. „Gehirntumor. Anscheinend bekam sie vor sechs Monaten die Diagnose. Er ist inoperabel. Die Ärzte geben ihr noch ein paar Wochen oder Monate." Sie zeigte auf die Pillen. „Die nimmt sie, um die Schmerzen in Schach zu halten. Aber die Anfälle kommen weiterhin. Die Ärzte haben

tell you this, but since you found her medication, you'd probably be able to figure it out yourself anyway. I only know because she had a seizure the other day, and I had to call the doctor, and he's my cousin's husband. And you know, she told me. My cousin, that is. Because her husband told her."

Jake took a deep breath, hesitating for a second. Should he stay and allow her to divulge private medical information about Claire? Wouldn't it be better, if he simply walked away and didn't get involved? But Mrs. Adams had mentioned seizures, and that word had piqued his interest.

"Yes?"

She leaned in. "Brain cancer. Apparently she got diagnosed six months ago. It's inoperable. The doctors have given her another few weeks or months." She pointed to the pills. "She takes those to keep the pain at bay. But the seizures continue. The doctors

aufgegeben. Deshalb ist sie hier. Sie wissen schon, wegen der heißen Quelle."

Er nickte, schockiert über die Offenbarung. Kein Wunder, dass Claire so blass ausgesehen hatte. Hatte er ihre Krankheit instinktiv gespürt? Hatte er deshalb das Gefühl, dass sie Schutz benötigte? „Sie ist hier, um sich Heilung zu wünschen."

Ein trauriges Lächeln umspielte Mrs. Adams' Lippen. „Sie geht mehrere Male am Tag zur Quelle. Sie ist jetzt gerade dort. Und auf dem Weg zurück stoppt sie an der Bar und ertränkt ihre Sorgen. Und morgen wird sie dasselbe tun. Es ist so traurig, das mitanzusehen."

„Dann hat die heiße Quelle also keine wirklichen Kräfte, oder?"

„Oh, das hat sie, aber manchmal wünschen wir uns nicht das Richtige. Manchmal wissen wir nicht, was unser wahrer Herzenswunsch ist. Und die Quelle erfüllt nur Wünsche, die rein und echt sind."

„Was könnte reiner sein, als ein Heilmittel gegen Krebs zu wollen?", fragte er.

have given up. That's why she's here. You know, for the hot spring."

He nodded, shocked at the revelation. No wonder Claire had looked so pale. Had he sensed her illness? Was that why he'd had the feeling that she needed protection? "She's come to wish for a cure."

A sad smile played around Mrs. Adams' lips. "Several times a day, she goes there. She's there now. And on the way back she stops at the bar and drowns her sorrows. And tomorrow she'll do the same thing again. It's so sad to watch."

"So the hot spring doesn't have any real power, does it?"

"Oh, it does, but sometimes we're not wishing for the right thing. Sometimes we don't know what our heart's true desire is. And the spring only grants those desires that are pure and true."

"What could be purer than wanting a cure for her cancer?" he wondered.

„Ich sage ja nicht, dass ihr Wunsch nicht rein ist. Aber manchmal braucht die Quelle einfach ein Opfer, um zu funktionieren", antwortete sie kryptisch.

Bilder von abgeschlachteten Tieren poppten in seinem Kopf auf. Aber er war sich sicher, dass Mrs. Adams von anderen Opfern sprach.

„Vielleicht sollten Sie Miss Culver sagen, dass Sie ihre Pillendose gefunden haben. Ich will nicht, dass sie mitbekommt, dass ich weiß, wie es um sie steht. Ich bin sicher, sie möchte ihre Privatsphäre wahren."

Ohne auf eine Antwort zu warten, verließ er das Haus und wandte sich auf der Suche nach der Tiki-Bar in Richtung Hauptstraße. Angesichts der Informationen, die Mrs. Adams mit ihm geteilt hatte, war er gerade nicht in der richtigen Gemütslage, die Quelle aufzusuchen.

"I'm not saying that her desires are not pure. But sometimes the spring just needs a sacrifice to work," she answered cryptically.

Visions of slaughtered animals popped into his head. But he was sure that Mrs. Adams was talking about other kinds of sacrifices.

"Maybe you just want to tell Miss Culver that you found the pill bottle yourself. There's no need for her to think that I know what's going on. I'm sure she values her privacy."

Without waiting for her response, he left the house and turned toward the main road on his search for the Tiki bar. After the information Mrs. Adams had shared with him, he wasn't in the right frame of mind to visit the spring right now.

3

Claire warf einen letzten Blick auf die heiße Quelle. Als sie vor über einer Stunde hier angekommen war, hatte sie etwas frisches Wasser an der Stelle geschöpft, wo es aus dem Fels floss, und es getrunken. Gleichzeitig hatte sie für ein Wunder gebetet. Genauso wie in den letzten fünf Tagen, seit sie auf der Insel angekommen war. Doch bisher war nichts geschehen. Ihre Kopfschmerzen waren so schlimm wie eh und je und wurden nur durch die starken Schmerztabletten im Zaum gehalten, die ihr ihr Onkologe verschrieben hatte. Aber selbst diese konnten den Schmerz nicht lange betäuben. Also hatte sie angefangen abends zu trinken, um das Pochen in ihrem Kopf zum Verstummen zu bringen.

Mit jedem Tag, der verging, wurde die Hoffnung auf Heilung von der grausamen Realität weiter in den Hintergrund gedrängt. Die

Claire cast one last look back at the hot spring. When she'd arrived over an hour earlier, she'd captured some fresh water from where it poured out of the rocks with her cupped palms and swallowed it. At the same time she'd prayed for a miracle. Just like she'd done in the past five days since she'd come to the island. So far, nothing had changed. Her headaches were as painful as ever and were only subdued by the strong painkillers her oncologist had prescribed. But even those didn't dull the pain for long. So she'd started drinking in the evenings to drown out the pounding in her head.

With each day that passed, hope faded further into the background as reality pushed to the forefront. Science had given up on her long ago, and

Wissenschaft hatte sie schon lange aufgegeben und das Wunder, auf das sie hoffte, indem sie sich immer wieder dasselbe von der Quelle wünschte, geschah nicht. In ein paar Tagen würden der Schmerz so unerträglich und die Anfälle so heftig sein, dass sie wahrscheinlich in ein Koma fallen würde, aus dem sie nicht mehr aufwachen würde. Ihre Zeit war um.

Als sie auf dem Trampelpfad, der ins Dorf führte, zurück marschierte, dachte sie über ihr Leben nach. Aber zurückzublicken machte das, was vor ihr lag, noch schwerer. Sie war noch nicht bereit zu sterben. Es gab so vieles, was sie noch nicht gemacht hatte, noch nicht gesehen hatte, noch nicht erlebt hatte. Es war einfach nicht fair. Sie war ein guter Mensch gewesen, ehrlich, verlässlich, durch und durch anständig. Sie hatte nie jemandem wehgetan.

Wie schon die Nächte zuvor steuerte sie die Tiki-Bar an. Etwas Alkohol würde ihren Kopf vernebeln und sie davon abhalten, darüber nachzugrübeln, ob ihr Leben anders verlaufen wäre,

the miracle she was hoping for by making the same wish at the spring over and over again wasn't happening. In a few days the pain would be so excruciating and the seizures so severe that she would most likely fall into a coma from which she would never wake. Her time was up.

As she walked back on the dirt path that led into the village, she reflected on her life. But looking back on it made what lay ahead of her even harder to bear. She wasn't ready to die. There was so much she hadn't done, hadn't seen, hadn't experienced. It just wasn't fair. She'd been a good person, honest, reliable, decent through and through. She'd never hurt anybody.

Like the other nights before, she headed for the Tiki bar. Some alcohol would numb her mind and stop her from speculating whether things would have turned out differently if only she'd gone to the doctor earlier when her

wenn sie früher zum Arzt gegangen wäre, gleich als die Kopfschmerzen angefangen hatten. Doch sie wollte nicht über Dinge nachdenken, die sie nicht ändern konnte.

Als sie sich der Bar näherte, sah sie bereits, dass sie wie die Nacht zuvor nur halb voll war: Es gab keine Wände. Eine Theke stand in einer Hütte ohne Wände und die Fensterläden, die tagsüber den Alkohol gegen Diebstahl sicherten, waren hochgezogen und während der Öffnungszeiten an der Decke befestigt. Leise Musik drang aus den Lautsprechern. Ein Pärchen tanzte langsam und eng umschlungen auf der improvisierten Tanzfläche. Andere Gäste saßen an den Tischen oder der Theke und tranken und unterhielten sich. Lachten. Sie steuerte auf die Bar zu und setzte sich auf den einzigen leeren Hocker an der Theke. Neben ihr saß ein dunkelhaariger Mann, dessen Rücken ihr zugekehrt war, während er auf dem stummgestalteten Fernseher, der von der Decke hing, Football schaute.

headaches had started. She didn't want to think about things she couldn't change.

When she approached the bar, she already saw that it was half full like the night before: there were no walls. A bar stood in the middle of a hut without walls, its shutters, which protected the liquor from theft during the day, lifted and secured to the ceiling during opening hours. Soft music came from the speakers. One couple, embracing, danced slowly on the tiny makeshift dance floor. Others sat at the tables or at the bar, drinking and talking. Laughing. She steered for the bar and took the only vacant bar stool next to a tall dark haired man whose back was turned to her as he watched a football game on the muted TV that hung from the ceiling.

Claire motioned to the owner. He'd introduced himself the first night. "Evening, Luke."

"Hi Claire. The usual?"

Claire winkte dem Besitzer zu. Er hatte sich in der ersten Nacht vorgestellt. „Abend, Luke."

„Hi, Claire. Das Übliche?"

Sie nickte und sah zu, wie er ihren Whiskey Sour so wie sie ihn mochte zubereitete. Zumindest könnte sie mit Stil abtreten. Als Luke das Getränk vor sie stellte, hob sie ihr Glas an die Lippen und nahm den ersten Schluck.

Der Mann neben ihr drehte sich um. „Zum Wohl."

Sie verschluckte sich fast und stellte das Glas wieder auf den Tresen. Der Mann neben ihr war Jake – der Mann, mit dem sie auf dem Treppenabsatz im Bed-and-Breakfast zusammengestoßen war.

„Oh!" Genau wie zuvor konnte sie keinen zusammenhängenden Satz bilden.

Doch dieses Mal konnte sie ihre einsilbige Antwort nicht auf die Tatsache schieben, dass sie zusammengestoßen waren. Nein, sie musste zugeben, dass sie sprachlos war, weil Jake diese pure Männlichkeit ausstrahlte, die ihren ganzen Körper in Brand steckte. Sie hatte einige Freunde gehabt, sogar sehr gut aussehende,

She nodded and watched how he prepared her Whiskey Sour the way she liked it. Might as well go out in style, she figured. When he put it in front of her, she lifted her glass to her lips and took the first sip.

The man next to her turned. "Cheers."

She almost choked and quickly set the glass back on the counter. The man next to her was Jake, who she'd crashed into as she was running down the stairs at the Bed and Breakfast.

"Oh!" Just like earlier, she was unable to form a coherent sentence.

This time she couldn't blame her monosyllabic response on the fact that they'd bumped into each other. No, she had to admit that she was tongue-tied because Jake exuded such pure maleness that her entire body was bursting into flames. She'd had her share of boyfriends, of course, good looking ones, too, but she'd never been with a man

aber sie war noch nie einem Mann wie ihm begegnet, der sie mit einer solchen Intensität anblickte, dass sie sich die Kleider vom Leib reißen und sich auf ihn stürzen wollte.

Guter Gott! Was dachte sie sich denn? Sie wurde definitiv verrückt. Ja, sie rutschte letztendlich in den Wahnsinn ab und war nicht mehr imstande, ihren Kopf zu kontrollieren.

„Hi", sagte sie schnell, bevor die Stille zwischen ihnen noch länger andauerte. „Ich vermute, das hier ist die einzige Bar in der Stadt." Sie klang in ihren eigenen Ohren dämlich, aber Jake lächelte sie trotzdem an.

„Es gibt nicht viel Nachtleben hier auf der Insel. Außerdem ist Nebensaison. Aber deshalb kommen die Leute ja nicht hierher." Er blickte sie erwartungsvoll an.

„Waren Sie schon bei der heißen Quelle?", fragte sie ihn und nahm noch einen Schluck von ihrem Drink, damit ihre Hände etwas zu tun hatten und er nicht bemerkte, dass sie zitterten.

„Noch nicht. Ich habe es nicht eilig. Ich gehe hin, wenn ich

like the one who now gazed at her with such intensity that she wanted to rip her clothes from her body and offer herself to him.

Good God! What was she thinking? She was clearly going mad. Yes, she was finally slipping into insanity, unable to control her mind.

"Hi," she said quickly before the silence between them stretched any longer. "Guess this is the only bar in town." She sounded silly in her own ears, but Jake smiled at her nevertheless.

"Not much of a nightlife here on the island, I gather. Besides, it's off season. But I suppose that's not why people come here." He gave her an expectant look.

"Have you been to the hot spring?" she asked him and took another sip from her drink so that her hands had something to do and he wouldn't notice that they trembled.

"Not yet. I'm not in a rush.

soweit bin."

Sie starrte auf die Flaschen, die auf den Regalen über der Bar aufgereiht waren, und nickte zustimmend. „Sind Sie noch am Überlegen, was Sie wollen?"

Er schüttelte den Kopf. „Ich weiß, was ich will."

Claire war von sich selbst überrascht. Sie fing normalerweise keine offenen Unterhaltungen mit vollkommen fremden Männern an. Doch seltsamerweise lud Jakes Offenheit sie ein zu reden, als würden sie sich schon eine Weile kennen. Vielleicht lag es daran, dass sie zwei einsame Fremde in einer Bar waren, beide mit einem Wunsch, der sich erfüllen sollte. Selbst wenn sie sich nicht vorstellen konnte, was Jake sich wünschen konnte: Hatte ein Mann wie er nicht alles? Aussehen, Stärke, Macht? Frauen, die sich ihm an den Hals warfen?

„Glauben Sie daran?", hörte sie sich fragen.

„Die heiße Quelle?"

Sie nickte.

„Ich weiß nicht, was ich glauben soll."

„Warten Sie deshalb?" Sie

It'll be there when I'm ready."

She stared at the bottles that were lined up on the shelves suspended over the bar, nodding in agreement. "Still figuring out what you want?"

He shook his head. "I know what I want."

Claire was surprised at herself. She wasn't one to start a candid conversation with a stranger, but oddly enough, his openness was inviting her to talk as if they'd known each other for a while. Maybe it was because they were two lonely strangers in a bar, both with a wish they wanted fulfilled. Even though she couldn't imagine what Jake could possibly wish for: didn't a man like him have everything? Looks, strength, power? Women throwing themselves at his feet?

"Do you believe in it?" she heard herself ask.

"The hot spring?"

She nodded.

"I don't know what to believe."

wandte den Kopf, um ihn anzusehen.

Seine blauen Augen verbanden sich mit ihren. „Gehen Sie deshalb jeden Tag hin? Weil Sie nicht wissen, ob Sie daran glauben sollen?"

Ihr Atem stockte. „Sie scheinen einiges zu wissen." Wenn sie in einer Großstadt gewesen wäre, hätte sie sich Sorgen gemacht, dass er ein Stalker sein könnte. Aber sie wusste, wie es auf der Insel ablief: Nichts blieb länger als fünf Minuten geheim.

Jake zuckte mit den Schultern und nahm dann einen Schluck von seinem Rotwein. „Die Inselbewohner scheinen ein Auge darauf zu haben, wer die heiße Quelle besucht."

„Sie wollen die Quelle beschützen", stimmte sie zu und kippte den Rest ihres Drinks auf einmal hinunter. Sie machte Anstalten, von ihrem Barhocker zu steigen, als sie seine Hand plötzlich auf ihrem Unterarm spürte.

„Gehen Sie nicht", sagte er leise. „Ich wollte Sie nicht verschrecken."

"Is that why you're waiting?" She turned her head to look at him.

His blue eyes locked with hers. "Is that why you're going every day? Because you don't know whether to believe in it?"

Her breath hitched. "You seem to know an awful lot." If she were in a large city, she would be worried about him being a stalker. However, she knew how things on this island worked: nothing stayed a secret for longer than five minutes.

Jake shrugged, then took a sip from his red wine. "The islanders seem to keep a close eye on who's visiting the hot spring."

"They're very protective of it," she agreed and downed the rest of her drink in one big gulp. She made a gesture to get down from her bar stool, when she suddenly felt his hand on her forearm.

"Don't leave," he said quietly. "I didn't mean to scare you off."

She hesitated, staring at his

Sie zögerte und starrte auf seine Hand. Dann sah sie in sein Gesicht. Seine Augen waren warm. Sie erlaubte sich, in deren blaue Tiefen gezogen zu werden.

„Tanzen Sie mit mir", flüsterte Jake.

„Ich... äh", fing sie an.

„Was haben Sie denn zu verlieren? Es ist nur ein Tanz zwischen zwei Fremden. Ich werde in ein paar Tagen weg sein und Sie müssen mich nie wieder sehen."

Er hatte recht. Sie hatte nichts zu verlieren. Und warum sollte sie sich nicht erlauben, sich im Rhythmus der Musik zu bewegen und ihre Sorgen zu vergessen, während die Arme eines Fremden sie ein paar Minuten lang hielten?

„Ein Tanz", stimmte Claire zu.

„Ein Tanz", wiederholte er und hob sie mit Leichtigkeit vom Barhocker.

Einen Augenblick später fand sie sich auf der Tanzfläche wieder, seine Arme um sie geschlungen, während seine Schenkel ihre streiften. Mit seiner Hand auf ihrem Rücken zog er sie näher an seinen Oberkörper,

hand, then lifted her gaze to his face. His eyes were warm. She allowed herself to get drawn into their blue depths.

"Dance with me," Jake whispered.

"I... uh," she started.

"What have you got to lose? It's just a dance between two strangers. I'll be gone in a couple of days, and you'll never have to see me again."

He was right. She had nothing to lose. And why shouldn't she allow herself to sway with the rhythm of the music, a stranger's arms holding her for a few minutes, making her forget her sorrows?

"One dance," Claire agreed.

"One dance," he repeated and with ease lifted her from her barstool.

A moment later, she found herself on the dance floor, his arms holding her close to him, his thighs brushing hers, his hand on the small of her back pressing her closer to his torso, so she could feel his body heat

sodass sie spüren konnte, wie seine Körperwärme sie einhüllte. Sie schloss die Augen und gab sich dem Traum hin, dass ihr Leben gerade erst anfing. Dass es nicht enden würde.

engulf her. She closed her eyes and let herself fall into the dream that her life was only just beginning. That it wouldn't end.

4

Jake zog sie näher an sich und bewegte sich im Rhythmus der Musik. Er hatte schon lange nicht mehr getanzt, doch die Schritte waren trotzdem tief in ihm verwurzelt. Er hatte das Tanzen immer geliebt, das Gefühl geliebt, eine Frau in seinen Armen zu halten.

Seine Wange leicht an ihre gedrückt sagte er leise: „Ich habe gehört, dass die heiße Quelle manchmal ein Opfer braucht, damit ein Wunsch in Erfüllung geht."

Claire zog ihren Kopf zurück, um ihn anzusehen. „Wer hat Ihnen das erzählt?"

„Mrs. Adams."

Sie neigte sich wieder näher zu ihm. „Davon hat sie mir gegenüber nichts erwähnt."

„Vielleicht sind Sie nicht diejenige, die das Opfer bringen muss." Vielleicht hatte Mrs. Adams das nur auf ihn bezogen – ohne seinen Wunsch zu kennen –

Jake pulled her closer and moved to the rhythm of the music. He hadn't danced in a long time, but the steps were ingrained in him nevertheless. He'd always loved dancing, always loved the feeling of holding a woman in his arms.

Pressing his cheek to hers, he spoke softly. "I heard that sometimes the hot spring needs a sacrifice to grant a wish."

Claire pulled her face back to look at him. "Who told you that?"

"Mrs. Adams."

She leaned back into him. "She never mentioned anything to me about that."

"Maybe you're not the one to offer a sacrifice." Maybe Mrs. Adams had meant this only for him—without knowing what his wish was—because he was the one asking for the impossible, and his wish

weil er derjenige war, der das Unmögliche wollte und sein Wunsch ein Opfer verlangte.

„Was, wenn das alles eine Lüge ist?", sinnierte sie. „Was, wenn die Quelle gar nichts macht? Was werden Sie dann machen?"

„Was *ich* dann machen werde?"

„Ja, Sie. Wenn Sie heute herausfinden würden, dass die Quelle nicht funktioniert, was würden Sie dann morgen tun?"

Er hatte darüber nachgedacht, seit er auf die Insel gekommen war. „Ich würde an den Strand gehen und dort warten, bis die Sonne aufgeht." Er würde keinen Schutz davor suchen, sondern der Sonne erlauben, ihn in Staub zu verwandeln, und seine Überreste von der Brandung des Meeres davontragen lassen, als hätte er nie existiert.

„Ja, Ihr Leben würde einfach weitergehen. Ich wünschte, für mich wäre es genauso."

Jake korrigierte ihre Annahme nicht. Er hörte die aufsteigenden Tränen in Claires Stimme, aber er würde ihr nicht erlauben zu weinen. Nicht, solange sie mit ihm zusammen war. Zumindest

demanded a sacrifice.

"What if it's all a lie?" she mused. "What if the spring does nothing? What will you do then?"

"What will *I* do?"

"Yes, you. If you found out tonight that the spring doesn't work, what would you do tomorrow?"

He'd thought about it ever since he'd decided to come to the island. "I would go to the beach and wait there until the sun rose." He wouldn't seek shelter from it, but allow the sun to turn him into dust and the ocean surf to sweep his remains away as if he'd never existed.

"Yes, your life would just go on. I wish it were the same for me."

Jake didn't correct her assumption. He heard the rising tears in Claire's voice, but he wouldn't allow her to cry. Not as long as she was with him. At least for tonight he wanted her to feel joy and pleasure.

"Come to the beach with me, now. And I'll make you

heute Nacht wollte er, dass sie Freude und Vergnügen empfand.

„Komm mit mir zum Strand. Und ich werde dich all die Dinge vergessen lassen, die du vergessen willst. Nur heute Nacht. Nur du und ich. Die Welt um uns herum existiert nicht. Die Quelle existiert nicht."

Sie wich trotz seines unerhörten Angebots nicht von ihm zurück. Stattdessen nickte sie. „Ja, lass mich alles vergessen, nur für eine Weile." Dann hob sie ihren Kopf und sah ihn an. „Du musst mich für leicht zu haben halten."

Er bewegte seinen Kopf von einer Seite zur anderen. „Denkst du, *ich* bin leicht zu haben?"

Offensichtlich überrascht von seiner Frage schüttelte sie den Kopf. „Nein."

„Warum denkst du dann, dass ich *dich* für einfach zu haben halte? Nur, weil du dir erlaubst, einer Sache zuzustimmen, die du willst? Ich verurteile Menschen nicht, die ihrem Verlangen nachgehen." Jake senkte den Kopf, bis seine Lippen über ihren schwebten. „Du hast noch die Chance, es dir anders zu

forget the things you want to forget. Just for tonight. Just you and me. The world around us doesn't exist. The spring doesn't exist."

She didn't pull away from him despite his outrageous offer. Instead he felt her nod. "Yes, make me forget, just for a little while." Then she lifted her head and looked at him. "You must think me easy."

He moved his head from side to side. "Do you think *me* easy?"

Clearly surprised at his question, she shook her head. "No."

"Then why would I find *you* easy? Just because you allow yourself to say yes to something you want? I don't judge people who follow their desires." Jake lowered his head until his lips hovered over hers. "You still have a chance to change your mind, but once I kiss you—"

He didn't get an opportunity to finish his sentence, because Claire leaned in and kissed him. Stunned and

überlegen, aber sobald ich dich küsse –"

Er bekam keine Gelegenheit, seinen Satz zu beenden, da Claire ihm entgegenkam und ihn küsste. Gleichzeitig erstaunt und ermutigt genoss er ihre weichen Lippen einen viel zu kurzen Augenblick, bevor sie sich ihm wieder entzog.

„Ich werde es mir nicht anders überlegen." Ihre geflüsterten Worte wehten gegen sein Gesicht.

Ohne auf das Ende des Liedes zu warten, führte er sie zur Bar, warf einen Zwanziger auf die Theke und ging ohne ein weiteres Wort mit Claire weg. Es war ihm egal, was der Barkeeper davon hielt. Jake orientierte sich, bog in die nächste Seitenstraße ein und marschierte nach Nordwesten.

Der Strand war verlassen. Und genau wie er von seinem Schlafzimmerfenster aus erspäht hatte, stand dort ein kleiner Schuppen. Er ging darauf zu und las das Schild: *Strandverleih*. Ein kleines Vorhängeschloss verwehrte den Zutritt zum Inhalt des Schuppens. Er griff danach.

„Was machst du? Du willst doch nicht etwa einbrechen, oder?"

elated at the same time he savored her soft lips for an altogether too-brief moment, before she pulled back again.

"I won't change my mind." Her whispered words blew against his face.

Without waiting for the song to end, he led her toward the bar, tossed a twenty on it and left without another word. It didn't matter what the bartender thought of them. Finding his bearings, he turned into the next side street and headed northwest.

The beach was deserted. And just like he'd thought he'd seen from his bedroom window, there was a small shed. He approached it and read the sign on it: *Beach Rentals*. A small padlock denied access to the contents of the shed. He reached for the lock.

"What are you doing? You're not going to break in, are you?"

He winked at her. "Let's live on the wild side for tonight." Then he moved so she

Er zwinkerte ihr zu. „Lass uns heute wild sein." Dann drehte er sich so, dass sie nicht sehen konnte, wie er das Schloss öffnete: mit reiner Vampirkraft.

In der Hütte war genau das, was er suchte: Kissen für die Strandliegen, die neben der Hütte säuberlich aufgestapelt waren. Er zog zwei heraus und breitete sie im Sand aus und bereitete so ein improvisiertes Bett.

Als er Claires immer noch erstaunten Blick bemerkte, legte er seinen Arm um ihre Taille und zog sie an sich. „Glaub mir, so wird es für uns beide bequemer sein."

„Ich suche nach nichts Bequemem." Ihr Mund öffnete sich und ihre Wimpern kollidierten fast mit ihren Augenbrauen.

Gott, war sie schön. Da traf es ihn – dass diese Schönheit bald von dieser Welt verschwunden sein würde. Dieses Wissen umklammerte sein Herz wie eine eiserne Faust und drückte zu. Der Schmerz war greifbar, obwohl er eigentlich keinen körperlichen Schmerz spüren sollte.

Jake brachte seine Lippen zu

couldn't see how he was opening the lock: with pure vampire strength.

The shed contained what he was looking for: cushions for the lounge chairs that were neatly stacked up next to the shed. He pulled two of them out and spread them in the sand, creating a makeshift bed.

When he caught her still stunned look, he put his arm around her waist and drew her against his body. "Trust me; we'll both be more comfortable that way."

"I'm not looking for comfortable." Her lids swung open, her lashes almost crashing into her eyebrows.

God, she was beautiful. It hit him right there—that this beauty would be gone from this world very soon. That knowledge squeezed his heart like an iron fist clamping around it. The pain was palpable even though he shouldn't feel any physical pain.

Jake brought his lips to hers, almost touching them, but

ihren, sodass sie sie fast berührten. „Was willst du?"

„Mich lebendig fühlen."

„Nur lebendig? Ich kann noch mehr als das, Darling."

Ihre Lippen waren weich und nachgiebig, als er mit seinem Mund darüber glitt und sie sanft einfing. Es bestand keine Eile. Die Sonne würde erst in sieben Stunden aufgehen. Er hatte Zeit, sie gemächlich zu lieben. Ihr alles zu geben, was sie brauchte, um sich noch einmal geliebt zu fühlen.

In ihrem leichten Kleid drückte sich Claire gegen sein kurzärmliges Baumwoll-Shirt und seine Leinenhose, sodass er jede Kurve ihres Körpers spüren konnte. Sie war nicht üppig, doch sie hatte gute Proportionen. Er zog sie näher an sich und ließ eine Hand auf ihren verlockenden Po gleiten.

Ein sanftes Stöhnen entkam ihrer Kehle. Er schluckte es, als sich ihre Lippen öffneten und sie ihm erlaubte, seine Zunge in sie gleiten zu lassen, um sie zu erforschen. Als er ihre süße Essenz kostete, wurde sein Körper härter, ein Anhängsel mehr als der

not quite. "What are you looking for?"

"To feel alive."

"Just alive? I can do better than that, darling."

Her lips were soft and yielding when he slid his mouth over them and captured them gently. There was no hurry. The sun wouldn't rise for another seven hours. He had time to make leisurely love to her. To give her everything she needed, just so she would feel cherished once more.

Claire wore a light dress, and pressed against his short-sleeved cotton shirt and his linen pants, he could feel every curve of her body. She wasn't voluptuous by any stretch of the imagination, but she was well proportioned. Pulling her closer, he slipped his hand onto her backside, palming the alluring swell.

A soft moan issued from her throat. He swallowed it just as her lips opened, allowing him to sweep her tongue inside to explore her. Tasting her sweet essence, his body

Rest: Sein Schwanz, der schon halb erigiert war, seit sie miteinander getanzt hatten, richtete sich nun vollständig auf.

Er konnte nicht widerstehen und drückte seine Hüften fest gegen ihr weiches Zentrum und ließ sie spüren, was sie mit ihm anstellte. Als Antwort senkte sie ihre Hände zu seinem Hintern. Er konnte spüren, wie sich ihre Finger hart in sein Fleisch bohrten, ein Gefühl, das er willkommener hieß, als sie ahnen konnte.

Er hatte es schon immer geliebt, wenn seine vampirischen Geliebten ihre Klauen in ihn gruben und das Blut aus ihm floss, während er seinen Schwanz in sie stieß. Er wünschte sich jetzt dasselbe, einen heftigen Liebesakt, eine Erfahrung ohne Kompromisse.

Seine Fangzähne begannen bei dem Gedanken daran zu jucken und er konnte spüren, wie sie länger wurden. Verzweifelt versuchte er, seine vampirische Seite im Zaum zu halten und riss seinen Mund von ihr. Er hob sie in seine Arme und legte sie auf die Liegekissen, die er ausgebreitet

hardened, one appendage more so than the rest of his body: his cock, while already semi-erect when he'd danced with her, now surged to its fully erect state.

He couldn't resist and pressed his hips more firmly into her soft center, letting her feel what she'd done to him. In response, she lowered her hands down to his backside. He could feel her fingernails digging themselves hard into his flesh, a feeling he welcomed more than she could know.

He'd always loved it when his vampire lovers had dug their claws into him, drawing blood while he drove his cock into them. He wished for the same thing now, for some fierce lovemaking, a no-holds-barred experience.

His fangs began to itch at the very thought of it, and he could feel them lengthen. Desperate to keep his vampire side from emerging, he ripped his mouth from hers and lifted her off her feet. Then he

hatte.

Er suchte nach dem Reißverschluss ihres Kleides und zog ihn nach unten. Schüchtern wie eine Jungfrau sah sie weg, doch das würde er nicht zulassen.

„Claire", forderte er sie auf und zog ihren Blick wieder auf sich. „Ich will, dass du zusiehst, wie ich mich ausziehe."

Er bemerkte, wie sie schwer schluckte. Aber sie sagte nichts. Langsam öffnete er die Knöpfe seines Hemdes, dann entledigte er sich seiner Kleidung. Ihre Augen tanzten zu seiner Brust. Sie zog ihre Unterlippe zwischen ihre Zähne und zeigte ihm so ihre Anerkennung. Als ihr Blick auf seine Hose fiel, schlug sein Herz plötzlich schneller. Claire blickte auf die Beule, die sich unter seinem Reißverschluss gebildet hatte, und ihre Schüchternheit war plötzlich verschwunden.

Als sie ihre Lippen leckte, knurrte er unfreiwillig.

Jake öffnete seine Hose und streifte sie ab, sodass er nur noch in seinen Retropants war. Diese spannten sich über seine immer noch wachsende Erektion. Als er an sich hinabblickte, bemerkte er,

lowered her to lie on the lounge cushions he'd spread out.

He searched for the zipper of her dress and lowered it. Like a shy virgin, she looked away, but he wouldn't have any of it.

"Claire," he prompted her, drawing her gaze back onto him. "I want you to watch me undress."

He noticed her swallow hard. But she said nothing. Slowly, he opened the buttons of his shirt, then shed the garment. Her eyes danced to his chest. She pulled her lower lip between her teeth, showing him her appreciation. When her gaze dropped to his pants, his heart suddenly beat faster. Claire was looking at the bulge that had formed behind the zipper, all shyness gone now.

When she licked her lips, he groaned involuntarily.

Jake opened his pants and stepped out of them, leaving him only with his boxer briefs. They stretched tightly over his ever-growing erection. When he looked down at himself, he

dass ein Tropfen Feuchtigkeit aus ihr gedrungen war und sich auf dem Stoff abzeichnete.

Er war sich sicher, dass sie es auch bemerkte, da der Mond genug Licht spendete, sodass selbst menschliche Augen gut sehen konnten. Über ihr stehend hakte er seine Daumen in den Bund seiner Pants und schob sie hinunter, bis er seinen Schwanz befreit hatte. Kühle Nachtluft blies gegen seinen Ständer, aber das beruhigte das tobende Organ nicht.

Claire starrte ihn immer noch mit weiten Augen und geöffneten Lippen an, als er sich von dem letzten Kleidungsstück befreite. Ihre Brust hob sich und er konnte sehen, wie ihre harten Nippel durch den Stoff ihres Kleides drückten.

„Jetzt du. Zieh dich für mich aus."

Er senkte sich auf die Knie, nahe genug, sodass nichts seinem wachsamen Auge entgehen würde.

Mit zögerlichen Bewegungen schob sie einen Träger von ihrer Schulter und enthüllte ihre weiche Haut. Dann ließ sie den zweiten

noticed that a drop of moisture had oozed from it and was showing through the fabric.

He was sure she saw it, too, the moonlight providing sufficient light even for a human's eyes to see. Standing above her, he hooked his thumbs into the waistband of his boxer briefs then shoved them lower until he'd freed his cock. Cool night air blew against his hard-on, but it did nothing to quell the raging organ.

Claire was still staring at him, her eyes wide, her lips parted, when he rid himself of the garment. Her chest heaved, and he could see her hard nipples press through the fabric of her dress.

"Now you. Undress for me."

He lowered himself onto his knees, close enough so nothing would escape his watchful eye.

With hesitant movements she pushed one strap off her shoulders, revealing creamy skin, then she dropped the

fallen und zog am Stoff, um noch mehr Haut zu entblößen. Der Ansatz ihrer Brüste kam zum Vorschein und Sekunden später lagen die perfekt runden Hügel, auf denen harte rosa Knospen saßen, brach.

Jake nahm tief Luft. „Du bist wunderschön. So perfekt."

Ermutig von seinen Worten schob sie den Stoff noch weiter hinab. Als sie ihre Hüften erreichte, hielt sie inne.

„Zeig mir mehr", verlangte er.

Claire schob das Kleid über ihre Hüften und befreite sich davon. Sie trug das winzigste Höschen, das er seit langem gesehen hatte. Das Dreieck aus Stoff bedeckte kaum das dunkle Haarnest. Das Material war so dünn, dass es zerreißen würde, wenn er es berührte. Doch genau das wollte er tun.

Als ihre Hand zu ihrem Höschen wanderte, stoppte er sie. „Warte."

Sie blickte ihn erschrocken an. „Ich dachte, du wolltest, dass ich mich ausziehe."

„Ich habe es mir anders überlegt." Er ging auf Hände und Knie und krabbelte zu ihr. „Ich

second one and pulled on the fabric, exposing more of her skin. The top of her breasts came into view, then a second later, the perfectly round mounds topped with hard rosy nipples lay bare.

Jake sucked in a gulp of air. "You're beautiful. So perfect."

Encouraged by his words, she pushed the fabric lower. When she reached her hips, she paused.

"Show me more," he demanded.

Claire pushed the dress below her hips and freed herself from it. She wore the tiniest panties he'd seen in a long time, the triangle of fabric barely covering her dark nest of hair, the strings holding it up so thin, he knew if he touched them, he would rip the garment to shreds. And that was exactly what he wanted to do.

When her hand went to her panties, he stopped her. "Wait."

She gave him a startled look. "I thought you wanted me

will den Rest selbst machen, außer du hast etwas dagegen."

Mit einem Lächeln legte sie sich zurück. „Ich habe nichts dagegen."

Einen langen Moment blickte er sie einfach an und saugte den Anblick auf. „Ich könnte dich ewig ansehen und würde deines Anblicks nie müde werden."

Claire lachte leise und errötete. „Das musst du nicht sagen."

Er beugte sich über sie. „Es ist wahr." Dann senkte er den Kopf zu ihren Brüsten und leckte mit seiner Zunge über eine Brustwarze.

Ein ersticktes Stöhnen entkam ihrer Kehle und ihr Körper bäumte sich ihm entgegen.

„Genau wie ich vermutet habe", raunte er an ihr warmes Fleisch. „Perfekt."

Dann fing er ihren Nippel zwischen seinen Lippen ein und saugte daran, während er ihre andere Brust nahm und sie knetete, bis sie sich unter ihm wand und ihre Erregung die Luft um ihn herum erfüllte. Sie schmeckte jung und rein, so unverdorben, dass er fast vergaß,

to undress."

"I've changed my mind." He went onto his hands and knees and crawled closer. "I want to do the rest myself, unless you object."

She leaned back with a smile. "I don't object."

For a long moment, he simply looked at her, drinking in the sight. "I could look at you forever and not get tired of it."

Claire chuckled softly and blushed. "You don't have to say that."

He leaned over her. "It's true." Then he lowered his head to her breasts and licked his tongue over one nipple.

A strangled moan came from her lips, and her body arched toward him.

"Just like I guessed," he whispered against her warm flesh. "Perfect."

Then he captured the nipple between his lips and sucked on it, while he palmed her other breast and kneaded it until she was writhing underneath him, her arousal

was das Leben für sie bereithielt. Aber er wollte nicht daran denken, nicht jetzt, nicht wenn er ihr mehr Vergnügen bereiten wollte, als sie je erfahren hatte.

Diese Nacht war für Claire, auch wenn er wusste, dass auch er seinen Anteil an Vergnügen bekommen würde. Nur zuzusehen, wie sich ihr Körper bewegte und ihr Herz gegen ihren Brustkorb schlug, erfüllte ihn mit Stolz – und sandte mehr Blut in seinen Schwanz, was ihn so hart machte wie die Felsen, an denen sich die Brandung brach.

Der Mond badete Claire in ein warmes Licht, wie Sonnenlicht es nie könnte. Es gab ihrem Gesicht ein fast mystisches Glühen, als wäre sie nicht echt und nur ein Hirngespinst seiner Vorstellung. Und vielleicht war sie das auch; vielleicht träumte er, um der Monotonie seines langen Lebens zu entkommen. Es war egal, weil sich das, was sich unter seinen Händen befand, echt anfühlte: warmes Fleisch, weiche Haut, heißes Blut. Sie war die Vollkommenheit in Person.

Als er fortfuhr, ihre Brüste mit Küssen und Zärtlichkeiten zu

now permeating the air around him. She tasted young and pure, so unspoiled he almost forgot what life had in store for her. But he didn't want to think of it, not now, not when he wanted to give her more pleasure than she'd had in her entire life.

This night was for Claire, even though he knew he would get his fair share of pleasure, too. Just watching the way her body moved and her heart beat against her ribcage filled his heart with pride—and his cock with more blood, making him as hard as the rocks the surf was crashing against.

The moonlight bathed her in a warm light, the way sunlight could never achieve. It lent her face an almost mystical glow as if she wasn't real and only a figment of his imagination. And maybe she was; maybe he was dreaming in order to try to escape the monotony of his long life. It didn't matter, because what he sensed underneath his roaming hands felt real: warm flesh,

überschütten, bewegte sich seine Hand weiter hinab und strich ihren Oberkörper entlang, bis er ihr Höschen erreichte. Er schob seine Finger zwischen Stoff und Haut und erforschte das krause Haar, das ihr Geschlecht beschützte.

Ein angehaltener Atemzug entkam Claires Lippen, als er sich weiter hinabbewegte, aber gleichzeitig neigten sich ihm ihre Hüften einladend entgegen.

„Ja, Darling, ich bin hier", ermutigte er sie und rutschte tiefer, wo er warmes, weiches Fleisch spürte, das sich so sanft wie Seide anfühlte. Er badete seine Finger in ihrer Erregung, bevor er wieder nach Norden wanderte.

„Oh, Gott!", rief sie aus.

Seine erfahrenen Finger fanden das kleine geschwollene Organ, das von einer Haube beschützt dalag. Er zog die Haube nach oben und entblößte ihre Klitoris vollständig, bevor er mit einem Finger darüber strich. Claire hob fast vom Boden ab, während sich gleichzeitig ihr Herzschlag beschleunigte.

Sein eigener Körper heizte

smooth skin, hot blood. She was the personification of perfection.

As he continued to lavish her breasts with kisses and caresses, his hand moved lower, stroking along her torso until he reached her panties. He slid his fingers between fabric and skin, exploring the coarse hair that guarded her sex.

A hitched breath escaped from Claire's lips as he moved lower, but at the same time her hips tilted toward him in invitation.

"Yes, darling, I'm here," he encouraged her and slipped lower, encountering warm and moist flesh that felt as smooth as silk. He bathed his fingers in her arousal, coating them with it before he moved back north.

"Oh, God!" she called out.

His experienced fingers found the tiny swollen organ that lay protected by a hood. He pulled the hood up, exposing her clit fully and slid one moist finger over it. Claire nearly leapt off the ground, her heartbeat accelerating in the

sich auf, als der Duft ihrer Erregung stärker wurde. Sein Schwanz drückte gegen ihren Oberschenkel und wartete ungeduldig darauf, an die Reihe zu kommen. Doch er würde noch etwas länger warten müssen.

Mit langsamen und steten Bewegungen umkreiste er das geschwollene Bündel von Nerven unter seinen Fingern. Er drückte nur leicht und genoss den Augenblick. Claire war ihm jetzt ausgeliefert. Mit seiner Berührung konnte er ihren Körper befehlen und ihr Vergnügen bereiten. Jetzt würde es kein Entkommen mehr für sie geben. Kein Zurück.

„Heute Nacht gehörst du mir", murmelte er an ihre Brüste. Und er würde alles nehmen, was sie ihm geben wollte – und mehr, das begriff er nun auch. Denn sie hatte nicht nur das Verlangen nach Sex in ihm geweckt, sondern ein viel dunkleres. Eines, dem sie nicht so leicht zustimmen würde.

Plötzlich ungeduldig zog er seine Hand von ihrem Geschlecht und packte ihr Höschen. Mit einer schnellen Bewegung riss er es ihr vom Leib.

„Verdammt", fluchte er und same instant.

His own body heated when the scent of her arousal grew stronger. His cock pressed against her thigh, impatiently waiting to get its turn. But it would have to wait a little while longer.

With slow and steady movements, he circled the swollen bundle of nerves underneath his fingers. He kept his touch light, savoring the moment. She was at his mercy now. With his touch, he could command her body and give her pleasure. There would be no escape for her now. No turning back.

"For tonight you'll be mine," he murmured against her breasts. And he would take everything she was willing to give him—and more, he realized that too now. Because she had awakened not just the desire for sex in him, but a darker desire. One she would not freely agree to.

Suddenly impatient, he pulled his hand from her sex and gripped her panties. With

senkte sich zwischen ihre Beine. Er spreizte sie weiter, bevor er seinen Kopf zu ihrem glitzernden Geschlecht senkte. Er schlang ihre Beine über seine Schultern, eines auf jeder Seite seines Kopfes, und senkte seinen Mund auf sie.

Überraschtes Keuchen hallte durch die Nacht. „Jake, oh mein Gott!", rief sie. „Du musst nicht..."

Aber sie verstummte, als er seine Zunge über ihre Spalte leckte und ihre Erregung aufsammelte. Ihr Geschmack war berauschend und gleichzeitig belebend. Er saugte, knabberte und leckte und ließ keine Stelle unerforscht. Sie war schön auf jede Art und Weise. Ihr Körper hieß ihn willkommen und öffnete sich seiner Liebkosung, seiner zärtlichen Fürsorge, als er nun mit seiner Zunge über ihre Klitoris strich und sie mit sanften Berührungen überschüttete.

Er liebte die Art, wie sie auf ihn reagierte, die Art, wie sie vor ihm lag, vor ihm ausgebreitet ihm erlaubte zu tun was ihm gefiel. Seine eigene Erregung stieg an, als er spürte, wie sich ihr Körper anspannte und sich mit mehr

one rapid movement, he ripped them off her.

"Fuck it," he cursed and lowered himself between her legs, spreading them wider before lowering his head to her glistening pussy. He slung her legs over his shoulders, one to each side of his head and sunk his mouth onto her.

Surprised gasps echoed through the night. "Jake, oh my God!" she cried out. "You don't have to…"

But her voice died when his tongue lapped over her slit, gathering her arousal. Her taste was intoxicating and invigorating at the same time. He sucked, nibbled, and licked, leaving no spot unexplored. She was beautiful in every way. Her body welcomed him and opened up to his caresses, to his tender ministrations as he now stroked his tongue over her clit and lavished it with gentle touches.

He loved the way she responded to him, the way she lay in front of him, spread out for him to do with as he

Drängen an ihn presste. Die Klänge von Vergnügen, die von ihr kamen, wurden stärker und spornten ihn an, ihr mehr zu geben. Ohne seine Lippen und seine Zunge von ihr zu nehmen, brachte er seine Hand zu ihrem Geschlecht und streichelte ihre weichen Falten entlang. Dann drang er langsam und in einem kontinuierlichen Stoß mit seinem Mittelfinger in sie ein.

Ihre Muskeln klammerten sich eng um ihn – enger, als er erwartet hätte. Wie lange war es schon her, seit ein Mann sie dort berührt hatte? Seit ein Mann seinen Schwanz in sie getrieben hatte? Der Gedanke, dass niemand das für eine lange Zeit gemacht hatte, machte ihn nur noch ungeduldiger, sich in ihre Muschi, die sich um ihn zusammenpressen würde, zu betten.

„Ja", stöhnte sie. „Oh bitte, ja."

Dass Claire ihn anflehte, ließ ihn fast kommen. Verdammt! Er würde sich nicht länger zurückhalten können, wenn sie so weitermachte.

Während er seinen Finger fester in sie stieß, saugte er ihre

pleased. His own excitement rose when he felt her body tense and press against him with more urgency. The sounds of pleasure coming from her intensified and spurred him on to give her more. Without removing his lips and tongue from her clit, he brought his hand to her sex and stroked against her soft folds. He extended his middle finger and probed, easing it into her with one continuous slow thrust.

Her muscles clamped around him tightly—more tightly than he would have expected. How long had it been since a man had touched her there? Since a man had driven his cock into her? The thought that nobody had done so in a long time, made him even more impatient to seat himself in her clenching pussy.

"Yes," she moaned. "Oh please yes."

Claire begging for it nearly made him spill. Fuck! He couldn't hold back much longer if she continued like that.

Klitoris tiefer in seinen Mund und presste seine Lippen zusammen. Ihr Körper entlud sich und die Wellen ihres Orgasmus rauschten durch sie und schlugen gegen seine Lippen. Ihre inneren Muskeln verkrampften sich um seinen Finger und packten ihn so fest, dass er dachte, sie würde ihn nie wieder loslassen. Nicht, dass es ihm etwas ausmachen würde. Er liebte es, in ihr zu sein.

Es dauerte einige Minuten, bis ihr Körper wieder zur Ruhe kam und Jake seine Lippen von ihrem süßen Geschlecht nehmen konnte. Als er das tat und sie anblickte, waren ihre Augen geschlossen. Sie atmete schwer.

„Ich muss jetzt in dir sein." Er positionierte sich zwischen ihren Beinen und brachte seinen Schwanz an ihr Zentrum.

Claire öffnete langsam ihre Augen und ein sanftes Lächeln umspielte ihre Lippen. „Ja", flüsterte sie atemlos. „Lass mich dich spüren."

„Du hast mich so hart gemacht", stieß er zwischen zusammengepressten Zähnen hervor und konnte seine Fangzähne kaum davon abhalten,

Driving his finger harder into her, he sucked her clit deeper into his mouth and pressed his lips together. Her body erupted, the waves of her orgasm ripping through her and crashing against his lips. Her interior muscles spasmed around his finger, gripping him so firmly that he thought she'd never release him. Not that he would have cared. He loved being inside her.

It took minutes for her body to still and for Jake to remove his lips from her sweet sex. When he did so and looked at her, her eyes were closed. She breathed heavily.

"I've gotta be inside you now," he told her and positioned himself between her legs, bringing his cock to her center.

Claire's eyes opened slowly and a soft smile played around her lips. "Yes," she whispered breathlessly. "Let me feel you."

"You've made me so hard," he pressed out between clenched teeth, barely able to

sich auszufahren. Sein Hunger schob sich nun in den Vordergrund.

Nicht imstande, sich zu bremsen, stieß er mit einer kräftigen Bewegung in sie und stahl ihr damit die Luft aus der Lunge. Als sie einatmete, weiteten sich ihre Augen.

„Oh mein Gott, bist du groß. Noch größer als vorhin."

Die meisten Vampire waren das. Sex war ein wesentlicher Bestandteil von dem, was sie waren, und ihr Vampirblut sorgte dafür, dass ihre Schwänze hart und groß waren, um ihre Partnerinnen zu befriedigen und ihnen zu geben, was sie brauchten.

Mit jedem Stoß wurde er härter. Mit ihren Säften bedeckt und in ihrem Körper vergraben, erwachte alles Männliche in ihm.

Claires Augen rollten zurück und ihr Mund öffnete sich, während ihre Nippel erneut zu harten Punkten wurden. „Oh Gott!", murmelte sie.

„Ich hatte dir versprochen, dass du dich mehr als nur lebendig fühlen wirst." Er lächelte auf sie hinab und fuhr mit erhöhter

prevent his fangs from descending. His hunger was pushing to the forefront now.

Unable to slow himself down, he thrust inside her with one powerful move, robbing her of the air in her lungs. As she took a breath, her eyes widened.

"Oh my god, you're big. Even bigger than earlier."

Most vampires were. Sex was part and parcel of who they were, and once turned, their vampire blood ensured their cocks were hard and big to pleasure their female partners and give them what they needed. With every stroke he became harder. Coated in her juices and submerged in her body, everything male in him surged to life.

Claire's eyes rolled back and her mouth dropped open, her nipples turning into hard points once more. "Oh God!" she mumbled.

"I told you, you'll feel more than just alive." He smiled down at her and continued to drive in and out of

Geschwindigkeit fort, in sie zu stoßen. Sein Körper fand seinen eigenen Rhythmus und fickte sie hart und schnell. Er zog ihre Beine hoch und spreizte sie dabei weiter, um tiefer hineinzutauchen. Ihre Muschi packte ihn jetzt noch fester. Auf ihrem Gesicht sah er Zeichen puren Vergnügens. Ihre Haut nahm einen gesunden Farbton an und ließ sie noch schöner wirken.

Er wünschte, dass er ewig so weitermachen könnte, aber ihr Kanal verengte sich um ihn und der Duft ihrer Erregung machte ihn fast verrückt vor Lust. Da er wusste, dass sie so kurz davor war wie er, steigerte er sein Tempo und ließ sich gehen.

Er fühlte, wie sein Samen durch seinen Schwanz rauschte, als ihre inneren Muskeln beim Ausbruch ihres Orgasmus zuckten. Er schloss sich ihr an und tauchte mit einem letzten Stoß ins Vergessen und kam in ihr.

Schwer atmend senkte er seinen Kopf zu ihrer Halsbeuge. „Du bist perfekt", wiederholte er und küsste ihren Hals, nur um zu bemerken, dass sich seine Fangzähne ausgefahren hatten.

her, increasing his speed. His body found its own rhythm, fucking her hard and fast. He pulled her legs up, spreading her wider in the process, plunging deeper. Her pussy gripped him even tighter now. On her face, he saw the signs of pure pleasure. Her skin took on a healthy tone now, making her look even more beautiful.

He wished he could have gone on forever, but her channel was clenching around him, and the scent of her arousal almost drove him insane with lust. Knowing she was as close as he, he increased his tempo and let himself go.

He felt the rush of his semen through his cock just as her interior muscles spasmed as her orgasm broke. He joined her, thrusting into oblivion with one last stroke, spilling inside her.

Breathing heavily, he dropped his head to the crook of her neck. "You're perfect," he repeated once more and kissed her neck only to realize that his fangs had descended.

Er wusste, was seine vampirische Seite jetzt von ihm verlangte. Und er konnte sich nicht versagen, wonach er sich gesehnt hatte, seit er sie das erste Mal berührt hatte: nach ihrem Blut.

„Claire", sagte er leise und flüsterte in ihr Ohr. „Ich kann nicht aufhören."

Er leckte über die dicke Vene an ihrem Hals und zog seine Lippen von seinen Zähnen zurück. Als seine Fangzähne ihre weiche Haut berührten, spürte er, wie sie unter ihm erbebte.

Seine Suggestionskraft, eine Kraft, die jeder Vampir besaß, benutzend, schickte er ihr seine Gedanken.

Fühle meinen Kuss. Fühle, wie meine Lippen dich liebkosen, wie meine Zunge dich leckt.

Dann senkte er seine Fangzähne in ihren Hals und bohrte ihre Vene an. Reichhaltiges Blut floss über seine Zunge seine Kehle hinunter und belebte seinen Körper. Claire war bei Bewusstsein und sich allem um sie herum gewahr – seines Schwanzes, der in sie stieß, seiner Hände, die sie streichelten –

He knew what his vampire side demanded from him now. And he couldn't deny himself what he'd craved ever since he'd first touched her: her blood.

"Claire," he said softly, whispering into her ear. "I can't stop."

He licked over the plump vein in her neck and peeled his lips back from his teeth. When his fangs touched her smooth skin, he sensed her shiver beneath him.

Using his suggestive powers, powers every vampire possessed, he sent his thoughts to her.

Feel my kiss. Feel my lips caress you, my tongue lick you.

Then he sank his fangs into her neck and pierced her vein. Rich blood ran over his tongue and down his throat, revitalizing his body. All the while Claire was fully conscious and aware of everything around her—his cock gently thrusting into her, his hands caressing her— except for one thing: she

jedoch nicht seines Bisses: Sie glaubte, dass er sie küsste.

Claire stöhnte leise.

„Ja. Nimm von mir"; murmelte sie.

Schock durchfuhr ihn. War sie sich dessen bewusst, was er machte? Oder ertrank sie nur in den Wellen sexueller Glückseligkeit, die von seinem Biss intensiviert wurden?

Konnte sie ihn spüren? Verdammt, er *wollte*, dass sie ihn spürte. Dass sie wusste, dass er ihr Blut trank, auch wenn er sich bewusst war, dass das nicht klug war. Er wollte, dass sie wusste, was er war: ein Geschöpf der Nacht, ein Mann, den es nach menschlichem Blut dürstete; ein Vampir.

Er schickte ihr eine telephatische Frage. *Claire, gefällt dir, was ich mache?* Er saugte stärker an ihrer Vene, während er weiter in ihr Geschlecht stieß.

„Mehr..."

Ja, Darling, ich gebe dir mehr.

Weil auch er mehr wollte. Mehr von Claire.

believed that he was kissing her neck, not biting her.

Claire moaned softly.

"Yes. Take from me," she murmured.

Shock coursed through him. Was she aware of what he was doing? Or was she merely drowning in the wave of sexual bliss that his bite was heightening?

Could she feel him? Damn it, he *wanted* her to feel him. To know he was drinking her blood, though he knew it wasn't wise. He wanted her to know what he was: a creature of the night, a man who thirsted for human blood; a vampire.

He sent a question into her mind. *Claire, do you like what I'm doing?* He sucked harder on her vein while he thrust in and out of her sex.

"More..."

Yes, darling, I'll give you more.

Because he wanted more, too. More of Claire.

5

Claire war in ihrem eigenen Bett aufgewacht – alleine. Ihr Körper summte immer noch von der Liebesnacht mit Jake. Zu ihrer Überraschung trug sie ihr Nachthemd. Einen Augenblick lang lag sie tagträumend da. Sie bereute es nicht, sich einem Fremden hingegeben zu haben, den sie nur Stunden zuvor kennengelernt hatte. Eigentlich war es sogar befreiend gewesen, mit einem Mann zusammen zu sein, der nichts über sie wusste. Sie konnte einfach vorgeben zu sein, was sie sein wollte: eine junge Frau, die ihr Leben noch vor sich hatte.

Sie konnte sich nicht erinnern, wie sie wieder in ihr Zimmer gekommen war. Und sie hatte seltsame Träume gehabt: Sie hatte geträumt, dass Jake sie in den Hals biss, während er sie ein zweites Mal liebte. Sie hatte es genossen, es geliebt, wie sie sich dabei gefühlt hatte. Sie schüttelte

Claire had woken in her own bed, alone, her body still humming from a night of lovemaking with Jake. To her surprise, she wore her nightgown. For a moment she lay there, daydreaming. She felt no regret having given herself to a stranger she'd met only hours earlier. In fact, it had been liberating to be with a man who knew nothing about her. She could just pretend to be who she wanted to be: a young woman who had her life ahead of her.

She couldn't remember how she'd gotten back to her room. And she'd had strange dreams: of Jake biting her neck while he made love to her the second time. She'd enjoyed it, loved the way it had made her feel. She shook her head at the strange notion and got out of bed.

den Kopf bei den seltsamen Gedanken und stieg aus dem Bett.

Sofort schwankte sie und ihr Kopf pochte plötzlich. Ein scharfer, schmerzender Stich durchfuhr sie. „Oh Gott, nein!", wimmerte sie. Ein weiterer Anfall stand bevor. Sie suchte ihr Zimmer nach ihrer Handtasche ab und fand sie auf einem Stuhl liegend. Sie eilte hinüber, öffnete sie und kramte darin nach ihren Tabletten. Aber sie konnte sie nicht finden. Verzweifelt schüttete sie den Inhalt ihrer Tasche aufs Bett, aber die Pillendose war nicht dabei.

Ein weiterer schmerzender Stich durchfuhr sie. Sie hielt sich stützend am Bettgestell fest und wartete, dass die Welle des Schmerzes vorbeiging. Dann rannte sie zur Tür. Sie musste zu Mrs. Adams, damit diese den Arzt anrief, bei dem sie ein paar Tage zuvor gewesen war.

Als sie den Türknauf packte, fielen ihre Augen auf die Kommode daneben. Darauf stand ihre Pillendose mit einer Notiz darunter.

Ich habe sie im Gang gefunden, stand auf einem Bogen

Instantly she swayed, her head suddenly pounding. A sharp stab of pain radiated through her. "Oh God, no!" she whimpered. Another attack was imminent. She searched her room for her handbag and found it sitting on a chair. She rushed to it and opened it, rummaging through it, trying to find her pills. But she couldn't see them. Frantically she spilled the contents of her bag onto the bed, but her pill bottle was not among them.

Another stab of pain assaulted her. She gripped the bed frame for support, waiting for the wave to pass. Then she ran to the door. She had to get Mrs. Adams to call the doctor who she'd seen a few days earlier.

As she grabbed the door knob, her eyes fell onto the dresser next to it. On it stood her pill bottle, a neatly written note underneath it.

I found it in the hallway, it said on stationary belonging to Sunseekers Inn.

Briefpapier des Sunseekers Inn.

Erleichtert schnappte sie sich die Dose, drehte den Deckel auf und kippte sich zwei Pillen in den Mund. Sie schluckte sie mit dem letzten Schluck Wasser aus der Flasche hinunter, die auf ihrem Nachtkästchen stand.

Ihr Herz schlug jetzt wild und nichts von der Glückseligkeit, die sie die Nacht zuvor verspürt hatte, war noch übrig. Ihre Krankheit beeinträchtigte ihr Leben immer mehr und löschte jegliche Freude, die sie hatte, aus.

Sie wollte nicht dahinwelken und erleben müssen, dass das letzte Bild ihres Lebens das voll quälender Schmerzen war. Nein, woran sie sich erinnern wollte, war das Vergnügen, das sie empfunden hatte, als sie mit Jake geschlafen hatte. Sie würde ihrer Krankheit nicht erlauben, dieses Erlebnis zu überschatten. Deshalb musste sie ihr Leben in die Hand nehmen – oder besser gesagt, ihren Tod.

Sie hatte nie wirklich an die Kraft der heißen Quelle geglaubt. Sie hatte sich selbst belogen, weil sie sich nicht mit dem Unausweichlichen

Relieved, she snatched the bottle, twisted its top off and popped two pills into her mouth. She swallowed them down with the last swig of the water from the bottle that stood on her nightstand.

Her heart beat frantically now, and none of the bliss she'd felt last night was left. Her illness was encroaching further and further into her life, trying to wipe out any joy she had.

She didn't want to wither away and have the last image of her life be that of excruciating pain. No, the thing she wanted to remember was the pleasure she'd felt when making love to Jake. She wouldn't allow her illness to overshadow that. That's why she had to take charge of her life—or rather, her death.

She'd never truly believed in the power of the hot spring. She'd lied to herself, not wanting to confront the inevitable. But now she was strong enough. She'd felt

auseinandersetzen wollte. Aber jetzt war sie stark genug. Sie hatte die Nacht zuvor etwas Wunderschönes empfunden und sie wollte diese Welt verlassen, solange diese Erinnerung noch in ihrem Kopf lebendig war. Für ein paar Stunden war sie glücklich gewesen. Das war alles, was sie sich hatte erhoffen können.

Sie ignorierte den Schmerz in ihrem Kopf, stellte ihre Tasche aufs Bett und fing an zu packen, auch wenn sie an den Ort, an den sie gehen würde, nichts würde mitnehmen können.

~ ~ ~

Jake erwachte aus einem unruhigen Schlaf. Während des ganzen Tages war er immer wieder aufgewacht, was für ihn ungewöhnlich war. Aber die Geschehnisse der letzten Nacht hatten ihn aufgerüttelt. Sein Kopf konnte sich nicht zur Ruhe legen; er schob Überschichten. Es war nicht fair, dass Claire so jung sterben sollte, während er darüber nachdachte, seinem Leben ein Ende zu setzen. Wie ironisch das doch war! Sie wollte leben und

something beautiful the night before, and she wanted to leave this world while this memory was still strong in her mind. For a few hours she'd been happy. It was all she could have hoped for.

Ignoring the pain in her head she set her bag on the bed and started packing, even though where she was going, she couldn't take anything with her.

~ ~ ~

Jake woke from an uneasy sleep. During the entire day, he'd drifted in and out of sleep, which was unusual for him. But the events of the previous night had shaken him. His mind couldn't rest; it was working overtime. It wasn't fair that Claire should die so young, when he was contemplating taking his own life. How ironic was that? She wanted to live and would die, whereas he wanted to die and would live forever. Life was

würde sterben, wohingegen er, der sterben wollte, ewig leben würde. Das Leben war grausam.

Letzte Nacht hatte er das erste Mal in seinem Leben gespürt, dass er gebraucht wurde. Von einer anderen Person gebraucht wurde. Er hatte Claire Vergnügen bereiten und ihr das Gefühl geben können, dass sie begehrt war, denn er begehrte sie. Mehr, als er je eine Frau zuvor begehrt hatte. Lag es daran, weil er sie retten wollte? Oder steckte mehr dahinter? Hatte er endlich eine Frau kennengelernt, die ihm den Sinn in seinem Leben geben konnte, nach dem er sich so verzweifelt sehnte? Hatte er jemanden gefunden, um den er sich sorgen konnte, jemanden, dem er seine Seele schenken konnte?

Und was hatte es mit dem Grund auf sich, der ihn auf die Insel gebracht hatte? Wenn die heiße Quelle wirklich Kräfte besaß, warum erfüllte sie dann nicht Claires Wunsch? Oder brauchte sie wirklich ein Opfer, eines, das *er* bringen konnte?

Er musste mit Claire reden. Nach der letzten Nacht fühlte er

cruel.

Last night he'd felt needed for the first time in his life. Needed by another person. He'd been able to give Claire pleasure and make her feel desired because he desired her. More than he'd desired any other woman before. Was it because he wanted to save her? Or was it more? Had he finally met a woman who could give him the purpose in his life that he so desperately craved? Had he found somebody to take care of, somebody to give his soul to?

And what about the reason that had brought him to the island? If the hot spring really had any powers, then why wasn't it granting Claire's wish? Or did it indeed need a sacrifice, one that *he* could make?

He had to speak to Claire. After last night he felt close to her, and he hoped she felt the same. If she did, there was something he could offer her. But it had to be her choice.

sich ihr nahe und hoffte, dass sie genauso empfand. Wenn das der Fall war, dann konnte er ihr ein Angebot machen. Aber es musste ihre Entscheidung sein.

Ungeduldig auf den Sonnenuntergang wartend, nahm Jake eine Dusche und zog sich an. Als die Sonne endlich am Horizont verschwand, verließ er sein Zimmer und ging zu Claires. Er klopfte, doch niemand antwortete. Er versuchte den Türknauf und dieser ließ sich drehen. Als er in den Raum blickte, zuckte er unfreiwillig zurück: Das Bett war gemacht und das Zimmer leer. Claires persönliche Dinge waren verschwunden.

In Panik eilte er hinunter und fand Mrs. Adams hinter dem Empfangstresen.

„Miss Culver, wo ist sie?", fragte er ohne eine Begrüßung.

Mrs. Adams zog die Augenbrauen hoch und blickte ihn neugierig an. „Sie hat ausgecheckt."

Sein Herz blieb stehen. „Wo ist sie hin?"

„Ich weiß es nicht."

„Was hat sie Ihnen gesagt?

Impatient for the sun to set, Jake took a shower and got dressed. As soon as the sun dipped below the horizon, he tore out of his room and headed for Claire's. He knocked at the door, but there was no answer. He tried the door knob and it turned. When he looked inside the room, he jerked back involuntarily: the bed was made and the room was empty. All of Claire's personal effects were gone.

Panicked, he rushed downstairs and found Mrs. Adams behind the reception counter.

"Miss Culver, where is she?" he asked without as much as a greeting.

Mrs. Adams raised her eyebrows and gave him a curious look. "She checked out."

His heart stopped. "Where did she go?"

"I don't know."

"What did she say to you? She must have said something." He didn't care that

Sie muss doch etwas gesagt haben." Es war ihm egal, dass er verzweifelt klang.

Mrs. Adams runzelte die Stirn. „Jetzt, da Sie fragen. Naja, hm, sie sagte, dass sie bereit ist, jetzt zu gehen. Als ich sie fragte, wohin sie wollte, sagte sie nur: *Wo es keinen Schmerz gibt.*"

Sein Herz verkrampfte sich. „Und Sie haben sie nicht aufgehalten?" Aber er wartete nicht auf ihre Antwort und raste bereits aus dem Haus.

Jake starrte in die Nacht. Wo würde sie es beenden? Wohin würde sie gehen? Einen Moment lang ließ er seinen Geist wandern, dann konnte er den Ort sehen, an dem er seinem Leben ein Ende setzen würde: der letzte Ort, an dem er glücklich gewesen war.

Er rannte so schnell er konnte und es war ihm egal, ob ihn jemand sah und sich fragte, wie ein Mann so schnell laufen konnte wie ein Auto. Er musste zu Claire gelangen. Seine Beine trugen ihn zum Strand, an dem sie sich in der Nacht zuvor geliebt hatten. Er rannte an dem Schuppen vorbei, während seine Augen die Küste absuchten, als er an der Stelle eine

he sounded desperate.

Mrs. Adams frowned. "Now that you're asking. Well, hmm, she said she was ready to leave now. When I asked her where she was heading, she just said *where there is no pain.*"

His heart clenched. "And you didn't stop her?" But he didn't wait for her answer and instead charged out of the house.

Jake stared into the night. Where would she go to end it all? Where would he go? For a moment he let his mind travel, then he could see the place where he would go to end his life: the last place where he'd been happy.

He ran as fast as he could, not caring if anybody saw him and wondered how a man could run as fast as a car. He had to get to Claire. His legs carried him to the beach where they'd made love the night before. He passed the shed, his eyes scanning the shore, when he perceived a movement,

Bewegung wahrnahm, wo die Wellen gegen eine Ansammlung von Felsen brandeten.

Dort stand Claire auf einem Vorsprung und blickte in die Ferne.

„Claire!", rief er, aber sie drehte ihren Kopf nicht. Sie konnte ihn vermutlich wegen der Brandung, die bereits ihre Kleidung durchnässt hatte, nicht hören.

Er sprintete auf die Felsen zu und seine Füße sanken mit jedem kräftigen Schritt tief in den feuchten Sand. Doch davon ließ er sich nicht aufhalten. Er wusste, dass er sie erreichen musste, denn ihr Vorhaben war bei der Art, wie sie sich zu den Wellen vorlehnte, offensichtlich. Jede Sekunde würde sie springen und die Brandung würde sie verschlingen und gegen die Felsen peitschen.

Er konnte es nicht geschehen lassen. Und plötzlich wusste er, dass es eine Möglichkeit gab, damit sich ihrer beider Wünsche erfüllten. Als er auf sie zu rannte und die Felsen hinauf raste, erkannte er endlich, was sein wahrer Herzenswunsch war. Es war nicht, wieder sterblich zu

where the waves crashed against a small outcropping of rocks.

Claire stood there at the ledge, looking into the distance.

"Claire!" he screamed, but she didn't turn her head. She probably couldn't hear him over the surf that had already drenched her clothes.

He sprinted toward the rocks, his feet sinking into the wet sand with every forceful step. But he didn't let this slow him down. He knew he had to reach her, because her intention was evident from the way she leaned toward the waves. Any second now, she would jump, and the surf would swallow her up and slam her against the rocks.

He couldn't let it happen. And suddenly he knew that there was a way for both of them to get their wish. As he ran toward her and raced up the rocks, he finally realized what his heart's true desire was. It wasn't to be mortal again; it

werden; es war, seine Menschlichkeit wiederzuerlangen, sich gebraucht zu fühlen, sich geliebt zu fühlen. Claire war der Schlüssel. Deshalb war er hier. Nicht wegen der magischen Quelle, sondern um sie zu retten.

Und er durfte jetzt nicht versagen. Nicht, wenn er so nahe am Ziel war. Nicht, wenn so viel auf dem Spiel stand.

Als er die Spitze der Felsen erreichte, brandete eine große Welle dagegen und traf Claire.

Er streckte den Arm aus und raste auf sie zu, aber die Welle riss sie um und nahm ihr den Halt.

„Neiiiiin!" Der Schrei löste sich aus seiner Kehle, als er mit übermenschlicher Kraft und Geschwindigkeit auf sie zusprang. Seine Finger fanden Halt und legten sich um ihren Arm. Er zerrte sie aus den Fängen des dunklen Ozeans, zog sie zu sich und presste sie fest an sich, als sich die nächste Welle bereits aufbaute. Doch als diese gegen die Felsen schlug, hatte er Claire bereits in Sicherheit gebracht.

Sie wirkte benommen in seinen Armen, als er sie zum Strand trug und auf dem

was to regain his humanity, to feel needed, to feel loved. Claire was the key. That's why he was here. Not for the magical spring, but to save her.

And he couldn't fail now. Not when he was so close. Not when so much was at stake.

As he reached the top of the rocks, another big wave crashed, hitting Claire.

He stretched out his arms, barreling toward her, but the wave swept her up, made her lose her footing.

"Nooooooo!" The scream dislodged from his throat as he lunged for her with superhuman strength and speed. His fingers found purchase, wrapping around her arm. He pulled her from the clutches of the dark ocean, dragging her toward him, holding her tightly to him, as the next wave already built. But by the time it crashed against the rocks, he'd already carried Claire to safety.

She seemed dazed in his arms as he carried her to the

trockenen Sand ablegte. Endlich breitete sich in seinem Inneren Erleichterung aus und er wagte es, wieder zu atmen.

Ein Seufzen riss sich aus ihrer Kehle. „Warum hast du mich nicht sterben lassen, Jake?"

„Schh, Darling", beruhigte er sie.

Sie wehrte sich in seinen Armen und stemmte sich gegen ihn. „Ich habe einen Hirntumor. Ich halte den Schmerz nicht mehr aus..."

Er zog sie näher an seine Brust und strich mit seiner Handfläche über ihr nasses Haar und fühlte, wie sie zitterte. „Ich weiß, Darling."

Sie stemmte ihre Hände gegen seine Brust. „Du wusstest es?"

„Ich habe die Pillendose gefunden. Mrs. Adams hat mir den Rest erzählt."

Ein weiteres Schluchzen riss sich aus ihrer Brust. „Hast du deshalb mit mir geschlafen? Weil du Mitleid mit mir hattest?"

„Nein! Ich habe mit dir geschlafen, weil ich dich begehre. Ich will dich mehr als alles andere in diesem Leben." Es war die Wahrheit, obwohl er nicht wusste,

beach and brought them down in the dry sand. Finally, relief flooded him, and he dared breathe again.

A sob tore from her. "Why didn't you let me die, Jake?"

"Shh, darling," he cooed.

She struggled in his arms, pushing against him. "I have brain cancer. I can't take the pain any longer…"

He drew her closer to his chest and stroked his palm over her wet hair, feeling her shiver. "I know, darling."

She braced her hands against his chest, pushing him. "You knew?"

"I found your pill bottle. Mrs. Adams told me the rest."

Another sob tore from her chest. "Is that why you slept with me? Because you pitied me?"

"No! I made love to you because I desire you. I want you more than anything else in this life." It was the truth, though he had no idea how it had happened. Maybe it was fate. Or maybe it was the

wie es passiert war. Vielleicht war es Schicksal. Oder vielleicht die magische Quelle.

Tränen rannen über ihre Wangen. Mit seinem Daumen wischte er sie weg.

„Claire, was ich dir jetzt sage, hört sich vielleicht fantastisch an, aber es ist die Wahrheit. Denkst du, du kannst unvoreingenommen bleiben?"

„Wobei?"

„Du willst leben, nicht wahr?"

Ein Seufzen, noch heftiger als das vorherige, störte die Nacht.

„Dann habe ich eine Lösung für dich. Die Quelle hat funktioniert. Weil sie uns zusammengebracht hat. Du hast dir ein Heilmittel gewünscht. Ich kann es dir geben."

Ihre großen blauen Augen starrten ihn an, halb hoffend, halb zweifelnd. „Wie?"

„Ich bin ein Vampir, Claire, ich bin unsterblich und ich kann dich unsterblich machen."

Er beobachtete ihre Augen, als ihr Gesichtsausdruck sich in Ungläubigkeit verwandelte. „Nein." Sie schüttelte den Kopf und wich zurück. „Nein."

„Es ist wahr. Und du weißt es.

magical spring.

More tears streamed over her cheeks. With his thumb he wiped them away.

"Claire, what I tell you now might seem fantastic, but it's the truth. Do you think you can keep an open mind?"

"About what?"

"You want to live, don't you?"

A sob bigger than the previous one disturbed the night.

"Then I have a solution for you. The spring worked, Claire. Because it brought us together. You've wished for a cure. I can give you one."

Her big blue eyes stared at him, half in hope, half in doubt. "How?"

"I'm a vampire, Claire, I'm immortal, and I can give you immortality."

He watched her eyes as her expression changed to disbelief. "No." She shook her head and pulled back. "No."

"It's true. And you know it. Deep down you know, don't

Tief drinnen weißt du es doch, oder?" Er richtete seinen Blick auf die Stelle an ihrem Hals, wo er sie in der Nacht zuvor gebissen hatte.

Ihre Hand kam hoch, um die Stelle zu berühren.

„Du weißt es, weil du es gestern Nacht gespürt hast. Du hast meinen Biss gefühlt."

Ihre Lippen öffneten sich, als wollte sie etwas sagen, aber es kam kein Laut heraus. Dann strich sie über ihren Hals. „Ich habe davon geträumt."

„Es war kein Traum. Als ich dich das zweite Mal geliebt habe, habe ich meine Suggestionskraft benutzt, um dich glauben zu lassen, dass mein Biss nur ein Kuss war. Aber ich glaube, ich habe meine Kraft nicht völlig ausgeschöpft, weil ich tief in mir wollte, dass du weißt, was ich tue."

Langsam wurde es ihr bewusst. „Du hast mein Blut getrunken."

Er nickte und legte seine Hand auf ihren Hals und strich über die Bisswunde. Nur er und andere Vampire konnten sie sehen. Für Menschen war sie unsichtbar. „Und ich habe es

you?" He focused his gaze on the spot on her neck where he'd bitten her the night before.

Her hand came up to touch that same spot.

"You know it because you felt it last night. You sensed my bite."

Her lips parted as if she wanted to say something, but nothing came out. Then she stroked over her neck. "I dreamed it."

"It wasn't a dream. When I made love to you the second time, I used my suggestive powers to make you believe my bite was just a kiss. But I think I didn't use my powers to their full extent, because deep down I wanted you to know what I was doing."

Slowly, realization seemed to settle in. "You drank my blood."

He nodded and put his hand on her neck, brushing over the bite mark. Only he and other vampires could see it. To humans, the mark was invisible. "And I loved it. Let

geliebt. Lass mich dir etwas im Gegenzug geben. Lass mich dir helfen."

„Wie?", flüsterte sie und blickte ihn direkt an.

„Ich kann dich zu einer Vampirin machen. Die Verwandlung wird alle Krankheiten auslöschen. Du wirst unsterblich sein und frei von Schmerz."

„Unsterblich? Und wie soll ich dann leben? In der Dunkelheit? Blut trinkend?" Ihre Lippen bebten.

„Die Dunkelheit kann schön sein." Er zeigte auf den Baldachin aus Sternen am Nachthimmel. „Selbst in der Dunkelheit gibt es Licht und Schönheit."

„Und das Blut?", flüsterte sie.

„Es gibt Möglichkeiten. Du müsstest nicht direkt von einem Menschen trinken, wenn du nicht willst. Auch wenn es dir mit der Zeit vielleicht gefallen würde. Aber falls nicht, gibt es immer noch Blutbanken."

Sie blickte ihn lange an und dachte offensichtlich über seine Worte nach. „Ich habe Angst."

Jake streichelte mit seinen Fingerknöcheln über ihre Wange.

me give you something in return. Let me help you."

"How?" she whispered and looked straight at him.

"I can turn you into a vampire. It will wipe out any illness or disease you have. You'll be immortal and without pain."

"Immortal? And how would I live? In the dark? Drinking blood?" Her lips trembled.

"The dark can be beautiful." He pointed to the canopy of stars in the night sky. "Even in the dark there's light, there's beauty."

"And the blood?" she whispered.

"There are ways. You wouldn't have to feed directly from humans if you didn't want to. Though you might grow to like it. But if you don't, there are always blood banks."

She looked at him for a long while, clearly contemplating his words. "I'm scared."

„Ich weiß. Aber ich werde für dich da sein."

Langsam bewegte sie ihren Kopf näher zu ihm. „Warum würdest du das für mich tun? Bist du nicht auch wegen eines Wunsches hergekommen?"

Er lächelte. „Weißt du, was ich mir gewünscht habe?"

Sie schüttelte den Kopf.

„Wieder sterblich zu sein." Er seufzte. „Aber ich verstehe jetzt, dass das nicht mein wahrer Herzenswunsch war. Es war nicht meine Sterblichkeit, die ich wollte."

„Woher weißt du das?"

„Ich weiß es, weil ich meinen wahren Herzenswunsch gerade in den Armen halte. Ich weiß jetzt, dass ich auf diese Insel geführt wurde, damit ich dich treffen und dir deinen Wunsch erfüllen kann."

„Also funktioniert die Quelle wirklich?"

Er küsste sie. „Ja. Aber nur für diejenigen, die bereit sind, ihre Augen zu öffnen und auf das Unmögliche zu vertrauen. Also, Claire, vertraust du mir, dir ein zweites Leben zu schenken?"

Langsam nickte sie. „Ich vertraue dir. Ich weiß nicht

Jake reached for her, stroking his knuckles over her cheek. "I know. But I'll be here for you."

Slowly she moved her head closer. "Why would you do that for me? Didn't you come here with a wish, too?"

He smiled. "Do you know what I wished for?"

She shook her head.

"To be mortal again." He sighed. "But I understand now that it wasn't my heart's true desire. It wasn't my mortality I wanted."

"How do you know that?"

"I know because I'm holding my heart's true desire in my arms right now. I know now that I was drawn to this island so I could meet you and fulfill your wish."

"So the spring really does work?"

He kissed her. "Yes. But only for those who are prepared to open their eyes and trust in the impossible. So, Claire, do you trust me to give you a second life?"

warum, aber ich tue es."

„Es wird nicht wehtun", versprach er. „Ich werde dir dein menschliches Blut aussaugen und bei deinem letzten Herzschlag meines zu trinken geben. Wenn du aufwachst, wirst du wie ich sein – ein Geschöpf der Nacht."

„Was, wenn es nicht funktioniert?"

„Ich verspreche dir, dass es funktionieren wird."

Sie schluckte und ihre Stimme zitterte, als sie ihre nächsten Worte sprach. „Wenn ich aufwache, wirst du dann da sein?" Ihre Augen funkelten voller Hoffnung.

„Claire, ich will ein Leben mit dir. Wenn du das auch möchtest, dann werde ich für alle Ewigkeit für dich da sein als dein Geliebter. Wenn du das nicht möchtest, dann werde ich als Freund an deiner Seite sein. Du hast die Wahl."

Es gab kein Zögern in ihrer Stimme, als sie ihm antwortete: „Beiß mich, mein Geliebter." Sie schloss die Augen und flüsterte erneut: „Mein Geliebter für alle Ewigkeit."

Sein Herz sprang vor Freude und er senkte seine Lippen zu

Slowly, she nodded. "I trust you. I don't know why, but I do."

"It won't hurt," he promised. "I'll drain you of your human blood, and at your last heartbeat, I'll feed you mine. When you wake, you'll be like me, a creature of the night."

"What if it doesn't work?"

"I promise you it will work."

She swallowed and her voice trembled when she spoke her next words. "When I wake, will you be there?" Her eyes glimmered with hope.

"Claire, I want a life with you. If you want that, too, I'll be there for you through eternity as your lover. If you don't, I'll be by your side as your friend. The choice is yours."

There was no hesitation in her voice when she responded to him. "Bite me, my lover." She closed her eyes and whispered again, "My lover for eternity."

ihrem Hals und durchbohrte ihre Haut mit seinen Fangzähnen. Er saugte an der dicken Vene und spürte, wie Claire bebte. Um sie zu beruhigen und ihr zu zeigen, dass sie sicher war, streichelte er sie zärtlich und schickte seine Gedanken zu ihr.

Ruhig, Darling. Alles wird bald gut sein. Vertrau mir. Ich werde dich beschützen.

Je mehr Blut er von ihr nahm, umso langsamer wurde ihr Herzschlag. Sein eigenes Herz schlug jetzt schneller. Es war schon lange her, dass er einen Menschen verwandelt hatte und der Prozess war nicht ohne Risiko. Wenn er ihr sein Blut zu früh gab, würde die Verwandlung nicht funktionieren und sie würde unter fürchterlichen Schmerzen sterben. Genauso würde sie sterben, wenn er zu lang wartete, auch wenn es dann nur so wäre, als würde sie einschlafen. Keines der beiden Szenarien war akzeptierbar. Claire musste leben. Er hatte es ihr versprochen.

Ich beschütze dich, wiederholte er erneut. Dann zog er seine Fangzähne aus ihrem Hals und bohrte sie in sein eigenes

His heart jumping with joy, he lowered his lips to her neck and pierced her skin with his fangs. He sucked on the plump vein, feeling Claire shiver. To reassure her that she would be safe, he caressed her tenderly and sent his thoughts to her.

Easy, darling. All will be fine soon. Trust me. I'll keep you safe.

The more blood he took from her, the more her heartbeat slowed. His own heart beat faster now. It had been a long time since he'd turned a human, and the process wasn't without risk. If he gave her his blood too early, the turning wouldn't take and she would die suffering excruciating pain. Equally, if he waited too long, she would die, though it would be as if she merely fell asleep. Neither of those two scenarios was acceptable. He needed for Claire to live. He'd promised her.

I'll keep you safe, he repeated once more and

Handgelenk. Blut tropfte heraus.

„Jetzt", murmelte er zu sich selbst.

removed his fangs from her neck, then pierced his own wrist. Blood dripped from it.

"Now," he murmured to himself.

6

Die Dunkelheit um sie zog sich plötzlich zurück und machte Platz für Wärme und Licht. Sie war sich nicht sicher, was die Lichtquelle war, aber sie konnte spüren, wie sie gegen ihre geschlossenen Augenlider schien. Sie war von Weichheit umgeben. Ihre Ohren nahmen verschiedene Geräusche auf, manche davon entfernt, manche in der Nähe. Ihr Zahnfleisch juckte und unfreiwillig knirschte sie mit den Zähnen.

Der Nebel, der während des letzten Jahres ihr ständiger Begleiter gewesen war, der Schmerz, der ihr Leben überschattet hatte, war verschwunden. Stattdessen spürte sie Stärke und Macht, eine Energie, die unwirklich wirkte. Selbst vor ihrer Krankheit hatte sie sich nie so gefühlt.

„Claire."

Der Klang ihres Namens drang an ihr Ohr. Als riefe ihr

The darkness around her was suddenly retreating, making space for warmth and light. She wasn't sure what the source of the light was, but she could feel it shine against her closed lids. Around her was softness. Her ears picked up different sounds, some distant, some close by. Her gums itched, and involuntarily, she ground her teeth.

The fog that had been her constant companion for the last year and the pain that had overshadowed her life were gone. In its stead she felt strength and power, an energy that seemed unreal. Even before her illness she'd never felt like this.

"Claire."

The sound of her name being spoken drifted to her. As if somebody was calling her to

jemand zu, sie solle diese wunderschöne Traumwelt, in der sie sich befand, verlassen. Sie wollte nicht darauf hören, wollte den Ort, an dem sie keinen Schmerz verspürte, nicht verlassen.

„Claire, bleib bei mir."

Sie erkannte die Stimme. Jakes Stimme. Ihr Liebhaber von der Nacht zuvor. Ein Fremder und doch hatte sie sich noch nie jemandem näher gefühlt.

Ihre Lippen öffneten sich, um zu sprechen, und erst jetzt bemerkte sie, dass sie nicht geatmet hatte. Luft raste in ihre Lunge, erfüllte sie, dehnte sie aus. Ein Keuchen entkam ihr bei ihrem ersten Ausatmen. Ihre Augen flogen gleichzeitig auf. Während sie versuchte, sie zu fokussieren, rauschten die Erinnerungen zurück. Erinnerungen daran, dass ihr das Blut aus dem Körper gesogen wurde, dass ihr Herzschlag sich verlangsamte. Erinnerungen daran, dass sie ein neues Leben bekam. Eine zweite Chance.

„Ich lebe", murmelte sie und blickte sich um. Sie war nicht mehr am Strand. Sie lag in einem

leave the beautiful dream world she was in. She didn't want to listen to it, didn't want to leave the place where she felt no pain.

"Claire, stay with me."

She recognized that voice. Jake's voice. Her lover from the night before. A stranger, yet she'd never felt closer to anyone.

Her lips parted to speak, and only then did she realize that she hadn't been breathing. Air rushed into her lungs, filling them, expanding them. A gasp escaped on her first exhale. Her eyes flew open at the same time. While she tried to focus them, memories rushed back. Memories of her body being drained of blood, of her heartbeat slowing. Memories of her getting a new life. A second chance.

"I'm alive," she murmured, glancing around. She wasn't at the beach anymore. She lay on a bed, naked beneath the sheets. The shutters of the window were closed, but she

Bett, nackt unter dem Laken. Die Jalousien des Fensters waren geschlossen, aber sie konnte sehen, dass es draußen hell war.

Jake saß an der Bettkante. „Ja, lebendig und unsterblich." Seine unglaublich blauen Augen durchbohrten sie und seine Lippen formten sich zu einem Lächeln. „Ich habe dich in mein Zimmer gebracht." Er strich ihr zärtlich eine Haarsträhne aus der Stirn. „Ich habe dich ausgezogen und gebadet. Du warst klatschnass." Er zeigte auf seinen eigenen nackten Oberkörper und das Handtuch, das um seine Hüften gewickelt war. „Ich ebenfalls."

Sie nickte und hob ihre Hand, um seine Brust zu berühren. Unter ihren Fingern schienen sich Funken zu entzünden. Überrascht blickte sie ihm in die Augen. „Du fühlst dich anders an."

Er nahm ihre Hand und presste sie an die Stelle, wo sein Herz gleichmäßig und kräftig schlug. „All deine Sinne sind jetzt ausgeprägter. Alles, was du berührst, fühlt sich echter und intensiver an. Alles, was du siehst, ist schärfer, die Farben lebendiger. Dein Geruchssinn ist besser als

could tell that it was daylight outside.

Jake sat at the edge of the bed. "Yes, alive and immortal." His impossibly blue eyes pinned her, his lips curving into a smile. "I brought you to my room." He gently brushed a strand of her hair from her forehead. "I undressed and bathed you. You were soaked." He motioned to his own nude torso and the towel that was wrapped around his lower half. "And so was I."

She nodded and raised her hand to touch his chest. Beneath her fingers sparks seemed to ignite. Surprised, she met his eyes. "You feel different."

He captured her hand and pressed it to the spot where his heart beat, steady and strong. "All your senses are more pronounced now. Everything you touch feels more real, more intense. Everything you see is sharper, the colors more vibrant. Your sense of smell is better than any animal's, your

der jedes Tieres und dein Gehör sensibler als je zuvor."

Sie konnte alles spüren, was er beschrieb. Und mehr. Langsam fuhr sie mit ihrer Hand seinen Oberkörper hinunter, bis ihre Finger gegen das Handtuch strichen. „Und mein Appetit auf Sex?"

Jake beugte sich näher zu ihr und ein verführerisches Lächeln umspielte seine Lippen. „Unersättlicher als du es dir vorstellen kannst." Er zwinkerte. „Aber ich stelle mich gerne zur Verfügung."

Er nahm ihre Hand und presste sie gegen das Handtuch. Darunter spürte sie den harten Umriss seines Schwanzes.

„Mmm." Sie drückte seine Erektion und fühlte, wie ihre Klitoris als Antwort pochte. „Ich muss dich spüren."

Sie leckte über ihre Lippen und spürte dabei, wie ihr Zahnfleisch juckte. Hastig einatmend öffnete sie ihren Mund weiter. Sie spürte, wie ihre Fangzähne sich ausfuhren.

„Wunderschön." Jakes Augen wurden dunkler und er strich mit seinem Zeigefinger über ihre

hearing more sensitive than ever."

She could feel everything he was describing. And more. Slowly, she ran her hand down his torso, until her fingers brushed up against the towel. "And my appetite for sex?"

Jake bent closer, a seductive smile playing around his lips. "More insatiable than you can imagine." He winked. "But I'm happy to oblige."

He took her hand and pressed it against the towel. Beneath it, she felt the hard outline of his cock.

"Mmm." She squeezed his erection and felt her clit throb in response. "I need to feel you."

She licked her lips and felt her gums itch at the same time. Taking a hasty breath, she opened her mouth wider. She sensed her fangs descending.

"Beautiful." Jake's eyes darkened and he stroked his index finger over her lips, before rubbing it over one fang.

A bolt of energy charged

Lippen, bevor er damit über einen Fangzahn rieb.

Ein Energieblitz durchfuhr sie und sie rang unwillkürlich nach Luft. Noch nie hatte sie etwas so Intensives verspürt wie Jakes Berührung. „Oh Gott! Was ist los?"

Er kam näher und seine Lippen waren nur noch Zentimeter von ihrem Mund entfernt. „Fangzähne sind die erogenste Zone eines Vampirs. Dich dort zu berühren, dich dort zu lecken, wird sich für dich anfühlen, als ob ich deine Muschi berühren und lecken würde. Ich kann dir einen Höhepunkt bereiten, nur indem ich über deine Fangzähne lecke." Und nach dem Funkeln in seinen Augen zu urteilen, wollte er genau das tun.

Der Gedanke erregte sie und ließ alle möglichen lüsternen Ideen ihren Kopf überschwemmen. Bedeutete das, ein Vampir zu sein? Von seinem Verlangen und seinen niedersten Instinkten beherrscht zu werden? Mehr als einer dieser Instinkte zeigte bereits seine Fratze. Sie schluckte schwer.

„Ich bin..." Sie wusste nicht,

through her, and she gasped. Never had she felt anything as intensely as Jake touching her there. "Oh God! What's happening?"

He moved closer, his lips now only inches from her mouth. "Fangs are a vampire's most erogenous zone. Touching you there, licking you there, will feel to you as if I were touching and licking your pussy. I can make you come just by licking your fangs." And judging by the glint in his eyes, he wanted to do just that.

The thought aroused her, made all kinds of wanton ideas swamp her mind. Was this what it meant to be a vampire? To be ruled by ones desires, ones basest instincts? More than one of those instincts reared its head already. She swallowed hard.

"I'm..." She didn't know how to express what she needed.

"Thirsty? I know. It's natural. I have human blood for

wie sie ausdrücken sollte, was sie brauchte.

„Durstig? Ich weiß. Das ist natürlich. Ich habe menschliches Blut für dich." Er zeigte auf eine Tasche in einer Ecke des Zimmers. „Aber..." Er blickte ihr in die Augen. „Ich will, dass das erste Blut, das du trinkst, meines ist. Ich will, dass dein erster Biss eine schöne Erinnerung ist."

Ihre Augen weiteten sich. „*Dich* beißen? Einen anderen Vampir?"

„Ja. Das ist normal unter Geliebten. Es vergrößert das Vergnügen. Und du wolltest mich doch als deinen Geliebten, oder? Oder hast du es dir anders überlegt?" Ein Flackern von Unsicherheit tauchte in seinen hypnotisierenden Augen auf.

Sie beeilte sich, seine Zweifel im Keim zu ersticken, und streichelte seine Wange. „Ich will dich." Sie senkte ihren Blick auf die Ader, die an seinem Hals pulsierte und fuhr mit ihrem Finger über den verführerischen Punkt. Wie würde es sich anfühlen, ihn zu beißen und sein Blut zu trinken?

Eine Sekunde später warf you." He pointed to a bag in a corner of the room. "But first..." He locked eyes with hers. "I want the first blood you drink to be mine. I want you to remember your first bite as something beautiful."

Her eyes widened. "Bite *you*? Another vampire?"

"Yes. It's common among lovers. It heightens the pleasure. And you wanted me as your lover, didn't you? Or did you change your mind?" A flicker of uncertainty appeared in his mesmerizing eyes.

She hastened to dispel his doubts, cupping his cheek. "I want you." She dropped her gaze to the artery that pulsed at his neck and ran her finger over the tempting spot. What would it feel like to bite him and drink his blood?

A second later, Jake tossed the towel to the floor, revealing his erect cock, and pulled back the duvet. He ran his eyes over her naked body, and the admiration and desire in them made her heart beat faster. She

Jake das Handtuch auf den Boden, entblößte seinen steifen Schwanz und zog die Bettdecke zurück. Er ließ seine Augen über ihren nackten Körper schweifen und die Bewunderung und das Verlangen darin ließ ihr Herz höher schlagen. Sie griff nach ihm und zog ihn zu sich hinab.

Überrascht über ihre eigene Stärke lächelte sie. „Ich glaube, das wird mir gefallen."

Zärtlich liebkoste er ihren Hals und fuhr mit seinen Fingern ihre pulsierende Vene entlang. „Genauso wie mir. Jetzt, wo du so stark bist wie ich, werde ich nicht mehr aufpassen müssen, dir nicht wehzutun. Als ich dich in der Nacht am Strand genommen habe, musste ich mich zurückhalten."

„Es fühlte sich nicht an, als ob du dich zurückgehalten hättest."

Er schmunzelte. „Das war noch gar nichts."

Bei dem Gedanken daran, mit Jake zu schlafen, spürte sie, wie ein Schauer durch sie raste, während die Schmetterlinge in ihrem Bauch zu flattern begannen. „Dann zeig es mir. Ich will alles erleben. Ich will jetzt ganz leben. Ohne mich zurückzuhalten."

reached for him, pulled him down to her.

Surprised at her own strength, she smiled. "I think I'm going to like this."

Tenderly he caressed her neck, trailing his fingers along her pulsing vein. "As will I. Now that you're as strong as I, I won't have to be careful anymore not to hurt you. When I took you the night on the beach, I had to hold back."

"It didn't feel like you were holding back."

He chuckled. "You've seen nothing yet."

At the thought of making love to Jake, she felt a shudder race through her, while butterflies seemed to swirl in her stomach. "Then show me. I want to experience everything. I want to live fully now. Without holding back."

"Anything you want, darling."

He nudged his cock at her center. The contact of hard male flesh to soft female flesh was more electrifying than the

„Alles, was du willst, Darling."

Er stupste mit seinem Schwanz gegen ihr Zentrum. Der Kontakt von hartem männlichen mit weichem weiblichen Fleisch war elektrisierender als beim ersten Mal. Jedes Nervenende in ihrem Körper schien den Turbogang eingelegt zu haben und schickte ihr Eindrücke in den Kopf, Gefühle, die so intensiv waren, dass sie kaum glauben konnte, dass dies ihre eigenen waren.

Claire spreizte die Beine weiter und machte Platz, um ihn aufzunehmen. Er verlor keine Zeit und drang bis zum Anschlag in sie ein. Sie hieß die kraftvolle Invasion mit einem Stöhnen willkommen und liebte die Art, wie er sie ausfüllte. Obwohl sie immer langsamen und sanften Sex genossen hatte, hatte sie das Gefühl, dass sie sehr schnell nach dem wilden und leidenschaftlichen Sex süchtig werden würde, den Jake versprach.

Es lag nichts Zögerliches oder Langsames in der Art, wie er in sie stieß und sein Schwanz in sie

first time. Every nerve ending in her body seemed to be on overdrive, sending impressions back to her brain, sensations that were so intense she could hardly believe they were her own.

Claire spread her legs wider, making space to accommodate him, and he didn't lose any time and plunged into her to the hilt. She welcomed the forceful invasion with a moan, loving the way he filled her. While she'd always been one to enjoy slow and gentle lovemaking, she had the feeling that she would very quickly get addicted to the wild and passionate sex Jake was promising.

There was nothing hesitant or slow about the way he thrust into her, his cock impaling her. Deep and hard. Powerful and fast. Relentless. She wrapped her legs around him, her ankles locking below his butt, and every time he drove into her, she pulled him deeper, demanding he give her more.

drang. Tief und fest. Kraftvoll und schnell. Unermüdlich. Sie schlang ihre Beine um ihn, wobei sie ihre Knöchel unter seinem Hintern verhakte. Jedes Mal, wenn er in sie fuhr, zog sie ihn näher und verlangte, dass er ihr mehr gab.

Seine Augen durchdrangen sie. Ein roter Rand bildete sich um seine Iris und ein oranges Glühen breitete sich darin aus. Seine Lippen waren geöffnet und zeigten die Spitzen seiner Fangzähne. Und bei Gott, dieser Anblick erregte sie. Er war jetzt ganz Vampir. Mächtig, unsterblich, und er gehörte ihr.

„Beiß mich", murmelte er und neigte seinen Kopf zur Seite, um seinen Hals zu ihren Lippen zu bringen. „Koste mich." Er drang härter in sie ein und knurrte. „Und später, wenn du von deinen Orgasmen erschöpft bist, ficke ich deinen schönen Mund."

Die erotische Vorstellung raubte ihr das letzte Quäntchen Selbstbeherrschung. Ihre Fangzähne fuhren sich zur vollen Länge aus, und selbst wenn sie gewollt hätte, hätte sie ihre nächste Tat nicht aufhalten können. Sie setzte ihre Fangzähne

His eyes pinned her, a red rim around his irises, an orange glow spreading. His lips were parted, showing the tips of his fangs, and by God, how the sight turned her on. He was all vampire now. Powerful, immortal, and all hers.

"Bite me," he murmured, tilting his head to the side and bringing his neck to her lips. "Taste me." He rocked harder into her and growled. "And later, when you're exhausted from your orgasms, I'll fuck your pretty mouth."

The erotic image snapped the last thread of her self-control. Her fangs extended to their full length, and even if she'd wanted to, she wouldn't have been able to stop her next action. She set her fangs at the spot where his neck and shoulder connected and licked over the glistening skin. The salty taste only heightened her thirst, and she pierced his vein with the sharp tips, lodging them deep in his flesh. If he tried to move away, her sharp

an die Stelle, wo Jakes Hals mit seiner Schulter zusammenkam, und leckte über die glitzernde Haut. Der salzige Geschmack vergrößerte nur ihren Durst und sie durchbohrte seine Vene mit den scharfen Spitzen und vergrub sie tief in seinem Fleisch. Sollte er versuchen, sich von ihr zu entfernen, würden ihre scharfen Eckzähne sein Fleisch zerreißen, doch Jake wich nicht zurück. Stattdessen stieß er seinen Schwanz tiefer in sie, während sie an seiner Vene saugte und zum ersten Mal bewusst sein Blut kostete. Obwohl er sie verwandelt hatte, indem er ihr sein Blut gegeben hatte, hatte sie keine Erinnerung daran.

Es war das erste Mal, dass sie Jake wirklich kostete. Jakes Blut war reichhaltig und dickflüssig; sein Geschmack schickte einen Nervenkitzel in jede Zelle ihres Körpers und erweckte alles Weibliche und Vampirische in ihr. Sie saugte fester, denn sie brauchte mehr von diesem süchtig machenden Elixier, das er ihr so freizügig anbot.

„Verdammt!", knurrte er und erbebte. „Es ist zu gut!"

canines would rip his flesh, but Jake didn't jerk back. Instead, he plunged his cock deeper, just as she pulled on his vein and took her first conscious taste of his blood. Though he'd turned her by giving her his blood, she had no memory of it.

This was her first true taste of Jake. His blood was rich and thick; its taste sent a thrill into every cell of her body, awakening everything that was female and vampire in her. She sucked harder, needing more of this addicting elixir he so freely offered.

"Fuck!" he ground out and shuddered. "It's too good!"

She felt him spasm inside her, flooding her with his essence, but still he didn't slow down, didn't stop his relentless thrusts. He shifted his angle and continued, his cock just as hard as before his orgasm, while she swallowed his blood and let it permeate her body, sending a tingling through all her cells.

Sie spürte, wie er sich in ihr verkrampfte und sie mit seiner Essenz flutete, jedoch nicht langsamer wurde und in seinen unermüdlichen Stößen nicht innehielt. Er veränderte den Winkel und machte weiter. Sein Schwanz war noch genauso hart wie vor seinem Orgasmus. Währenddessen schluckte sie sein Blut und ließ es ihren Körper durchdringen, was ein Kribbeln durch alle ihre Zellen sandte.

Ihr Orgasmus kam ohne Vorwarnung. Er traf sie praktisch aus dem Nichts und überrollte sie wie eine Ozeanwelle. Nach Luft ringend zog sie ihre Fangzähne aus Jakes Hals und bäumte sich ihm entgegen.

„Ja, das ist es, Darling!", lobte er und schaukelte weiter ein paar Mal in sie, bevor er seinen Schwanz herauszog.

Bevor die Enttäuschung über das abrupte Ende ihres Liebesaktes Zeit hatte, sich auszubreiten, hatte er sie bereits auf den Bauch gerollt und ihren Po hochgezogen. Eine Sekunde später war er wieder in ihr und fickte sie mit seinem unglaublich harten Schwanz von hinten.

Her orgasm came without any preamble, simply hit her out of nowhere and swallowed her like an ocean wave. Gasping, she pulled her fangs from Jake's neck, her body spasming.

"Yes, that's it, darling!" he praised and rocked inside her a few more times, before he pulled out of her.

Before disappointment about the abrupt end to their lovemaking had time to spread, he'd already rolled her onto her stomach and pulled her ass up in the air. A second later, he was back inside her, his impossibly hard cock fucking her from behind.

She cried out in pleasure and surprise. "Jake!"

"I told you I wouldn't hold back." He gripped her hips tightly and slammed into her.

"But you already came," she managed to say, lifting herself onto her elbows.

"I drank pints of your blood. I'm going to be hard for a very long time, no matter

Sie schrie vor Vergnügen und Überraschung auf. „Jake!"

„Ich habe dir doch gesagt, dass ich mich nicht zurückhalten werde." Er packte ihre Hüften fest und stieß in sie.

„Aber du bist schon gekommen", schaffte sie zu keuchen und hob sich auf ihre Ellbogen.

„Ich habe einige Liter von deinem Blut getrunken. Ich werde lange hart bleiben, egal wie viele Orgasmen ich habe."

Diese Erkenntnis ließ die Flammen in ihrem Bauch noch heller lodern. Ihr vampirischer Liebhaber würde sie lieben, bis sie beide kein Glied mehr bewegen könnten. Und gerade jetzt nahm er sie so hart und stieß von hinten in sie, dass eine menschliche Frau vor Qual aufschreien würde. Aber sie, Claire Culver, eine frisch verwandelte Vampirin, hieß jeden Stoß seines Schwanzes in ihr weiches Zentrum willkommen und sehnte sich nach mehr, je mehr Jake ihr gab.

„Fick mich, Jake!", rief sie. Es war ihr egal, ob irgendjemand in dem Bed-and-Breakfast sie hören konnte.

how many orgasms I have."

The revelation made the fire in her belly burn even brighter. Her vampire lover would make love to her until they both couldn't move another limb. And right now, he was taking her so hard, plowing into her from behind, that a human woman would have screamed in agony. Yet, she, Claire Culver, newly turned vampire, welcomed every thrust of his hard cock into her soft center, craving more the more Jake gave her.

"Fuck me, Jake!" she cried out, not caring if anybody in the Bed and Breakfast could hear them.

He pounded into her, gripping her so tightly that despite her new vampire strength she wouldn't have been able to escape him.

"Did you like my blood?" he asked breathlessly, his voice a mere growl now.

"I loved it." It was the truth.

"Good."

Er stieß in sie und packte sie so fest, dass sie ihm trotz ihrer neugewonnenen vampirischen Stärke nicht entkommen konnte.

„Mochtest du mein Blut?", fragte er atemlos, wodurch sich seine Stimme wie ein Knurren anhörte.

„Ich habe es geliebt." Was die Wahrheit war.

„Gut."

Als wollte er ihr für die Antwort danken, brachte er seine Hand nach vorne und fand mit zielsicherer Präzision ihre Klitoris. Er rieb seinen feuchten Finger darüber, einmal, zweimal, und sie kam erneut. Ein noch stärkerer Orgasmus als beim ersten Mal schwappte über sie. Jake erbebte zur selben Zeit und noch mehr von seinem Samen spritzte in sie und befeuchtete ihren Kanal.

„Verdammt, ja!", knurrte er und wurde langsamer, während ihre Muschi von den Nachbeben erzitterte.

~ ~ ~

Von seinem zweiten Orgasmus immer noch zitternd, zog sich Jake aus ihrer Scheide.

As if he wanted to thank her for her answer, he slipped one hand to her front and found her clit with unerring precision. He rubbed his moist finger over it, once, twice, and she erupted once more. An orgasm more powerful than the first washed over her. Jake shuddered at the same time, more of his semen spilling inside her, lubricating her channel even more.

"Fuck, yeah!" he groaned and slowed, while her pussy still quivered with aftershocks.

~ ~ ~

Still shaking from his second orgasm, Jake pulled from her sheath. He couldn't get enough of Claire. But he didn't want to steamroll her either. He had to assure himself that she really wanted this, that she really like being fucked like this. After all, there was no way she could have guessed how wild he'd get in bed, and how insatiable he truly was.

Gently, he turned her back

Er konnte nicht genug von Claire bekommen. Aber er wollte sie nicht überfahren. Er musste sich versichern, dass sie das wirklich wollte, dass sie wirklich so gefickt werden wollte. Schließlich hatte sie nicht wissen können, wie wild er im Bett werden konnte und wie unersättlich er wirklich war.

Sanft drehte er sie wieder auf ihren Rücken. Ihre Augen leuchteten vor Zufriedenheit, ihr Herz raste und ihre Haut glänzte schweißbedeckt. Sie griff nach ihm. Er beugte sich hinab und küsste sie, zuerst zärtlich, aber innerhalb weniger Sekunden wurde der Kuss leidenschaftlich. Mit einem Stöhnen riss er seine Lippen von ihr.

„Oh Gott, Claire, du treibst mich zum Wahnsinn." Er fuhr mit einer Hand durch sein feuchtes Haar und warf seinen Kopf zurück. „Die Dinge, die ich mit dir machen will... Wie ich dich nehmen will, dich mein machen..." Er seufzte. „Wenn du mich nicht stoppst, nehme ich dich auf jede nur erdenkliche Weise. Und ich meine *jede*. Also bremst du mich lieber, oder ich kann nicht garantieren, was noch onto her back. Her eyes gleamed with satisfaction, her heartbeat raced, and her skin glistened with sweat. She reached for him. He bent down to her and kissed her, tenderly at first, but within seconds, the kiss turned heated. With a moan, he ripped his lips from her.

"God, Claire, you're driving me insane." He shoved a hand through his damp hair and threw his head back. "The things I want to do to you… How I want to take you, make you mine…" He sighed. "If you don't stop me, I'm going to take you every which way I can. And I mean *every*. So you'd better put the brakes on, or I can't guarantee what'll happen."

Her eyes turned molten. By God, she was all vampire, through and through. Down to the insatiable lust for sex. He'd done that to her. But had she really wanted this? Had she truly chosen this?

She opened her eyes wider,

passiert."

Ihre Augen verwandelten sich in geschmolzene Lava. Bei Gott, sie war ganz Vampir, durch und durch. Bis hinunter zu dem unstillbaren Verlangen nach Sex. Er hatte sie dazu gemacht. Aber hatte sie das wirklich gewollt? Hatte sie sich wirklich dafür entschieden?

Sie öffnete die Augen weiter, sodass ihre Wimpern gegen ihre Augenbrauen schlugen, eine so verführerische Geste, dass es ihm den Atem raubte. Ihre Zunge kam hervor und leckte über ihre Lippen. Sie wusste genau, wie sie ihn verführen konnte. Ihn anlocken konnte.

„In jener Nacht am Strand", murmelte sie, während ihre Hand zu seinem Po glitt. „Als du mich gebissen hast, während du mich das zweite Mal geliebt hast, konnte ich spüren, dass du mich fester nehmen wolltest, aber dich zurückgehalten hast."

„Du hast mich so wild gemacht, dein Blut... es hat mein Verlangen nach dir nur vergrößert."

„Es fühlte sich gut an. Alles. Der Biss, dein Schwanz in mir...

her lashes crashing against her brows, a motion so seductive, it robbed him of his breath. Her tongue emerged, licking over her lower lip. She knew exactly how she was tempting him. Luring him.

"That night at the beach," she murmured, her hand sliding down to his ass. "When you bit me while you made love to me the second time, I could feel that you wanted to take me harder, but you restrained yourself."

"You made me so wild, your blood... it only added to my desire for you."

"It felt good. All of it. The bite; your cock inside me; feeling that you wanted me."

"I still want you. Now even more."

"Then take me any way you want to, because I want the same. I want to experience everything with you. No holding back."

"A woman after my own heart." He lifted himself off her and got out of bed, pulling her

zu spüren, dass du mich wolltest."

„Ich will dich immer noch. Jetzt sogar noch mehr."

„Dann nimm mich so wie du willst, weil ich dasselbe will. Ich will alles mit dir erleben. Halte dich nicht zurück."

„Eine Frau nach meinem Geschmack." Er hob sich von ihr und stieg aus dem Bett, während er sie mit sich zog.

„Was machst du?"

Er führte sie Richtung Badezimmer. „Ich will mit dir duschen und dann will ich, dass du vor mir auf die Knie gehst und meinen Schwanz lutschst, als wäre er das Beste, was du je gehabt hast."

Als ihre Augen zu glühen begannen, so wie es nur bei Vampiren möglich war, sprang sein Herz vor Freude.

„Unter einer Bedingung."

Er erstarrte. „Bedingung?" Er war es nicht gewohnt, dass eine Frau Bedingungen stellte.

Claire schmiegte ihren sinnlichen Körper an seinen und brachte ihren Mund an sein Ohr. „Zieh ihn nicht heraus, bevor ich mit dir fertig bin. Ich will keinen einzigen Tropfen verkleckern."

with him.

"What are you doing?"

He led her toward the bathroom. "I want to shower with you, and then I want you on your knees in front of me, sucking my cock as if it's the best thing you've ever had."

When her eyes started to glow only the way a vampire's could, his heart jumped with joy.

"Under one condition."

He froze. "Condition?" He wasn't used to a woman making demands.

Claire molded her luscious body to his, bringing her mouth to his ear. "Don't pull out before I'm done with you. I don't want to spill a single drop."

He sandwiched her between his body and the door frame. "God, woman! What are you trying to do to me?"

"I just want to please you."

He sank his hungry mouth onto hers, silencing her so she couldn't utter any more seductive words, while he

Er nahm sie zwischen seinem Körper und dem Türrahmen gefangen. „Gott, Frau! Was hast du mit mir vor?"

„Ich will dich nur befriedigen."

Er senkte seinen hungrigen Mund auf ihren und brachte sie so zum Verstummen, damit sie nichts Verführerisches mehr sagen konnte, während er sie hochhob und sie auf seinen Schwanz gleiten ließ. Er nahm sie gleich dort an der Wand, bis ein weiterer Orgasmus ihn genug beruhigt hatte, um mit seinem ursprünglichen Plan fortfahren zu können und zu beobachten, wie Claire vor ihm kniete und seinen Schwanz in ihrem schönen Mund hatte, während er in sie stieß und noch einen weiteren Teil von ihr für sich beanspruchte.

lifted her up and slid her onto his cock. He took her right there against the wall until another orgasm had calmed him enough so he could proceed with his original plan of watching Claire kneel in front of him, his cock in her beautiful mouth, while he thrust back and forth, claiming one more part of her.

7

Drei Monate später – New York City

Jake fluchte und schlug den Kerl neben einem Müllcontainer gegen die Wand. Aus den Augenwinkeln bemerkte er, wie sich Claire bereits um die junge Frau kümmerte, die der Mann angegriffen und zu vergewaltigen versucht hatte.

Egal wie oft er und Claire nachts in den Straßen von Manhattan umherzogen, es schien dort immer eine unerschöpfliche Menge an Verbrechern zu geben. Aber auch wenn er sich anfangs geschworen hatte, sich nicht in die Probleme von Menschen einzumischen, bedurfte es nur eines Blickes in Claires flehendes Gesicht, um zu wissen, dass er ihr keinen Wunsch abschlagen konnte. Gott, wie er sich in diese Frau verliebt hatte. Es war an der Zeit, ihr zu sagen, wie sehr.

„Du weißt, dass wir ihnen

Three months later – New York City

Jake cursed and slammed the guy into the wall next to a dumpster, noticing from the corner of his eye how Claire was already taking care of the young woman the man had attacked and clearly planned to rape.

No matter how often he and Claire roamed the streets of Manhatten at night, there seemed to be an endless supply of criminals. But even though at first he'd vowed not to get involved in humans' problems, one look at Claire's pleading face, and he knew that he couldn't deny her anything. God, how he'd grown to love this woman. It was time to tell her just how much.

"You know we have to help them," she'd said shortly

helfen müssen", hatte sie kurz nach ihrer Ankunft in New York gesagt, als sie auf einen Mann getroffen waren, der mit vorgehaltener Waffe ein älteres Pärchen überfallen hatte. „Wenn wir es nicht machen, wer dann?"

Ja, wer?

Also hatte er nachgegeben. Und – widerwillig – musste er zugeben, dass er gerne Leuten half und die rettete, die es nicht selbst konnten. Und je mehr Menschen er und Claire retteten, umso mehr schien er seine Menschlichkeit wiederzuerlangen. Die Güte in Claires Herz war ansteckend und sie hatte ihn damit offensichtlich infiziert. Auch wenn er das nie im Leben zugeben würde. Denn wer hatte schon einmal von einem netten Vampir gehört?

„Sie ist verletzt", teilte Claire ihm jetzt mit, während sie versuchte, die verängstigte Frau zu beruhigen.

„Heile sie."

In der Zwischenzeit würde er sich um den Scheißkerl kümmern, der jetzt wieder auf die Beine kam und sich mit geballten Fäusten umdrehte. Jake knurrte zufrieden. Er liebte es, Arschlöcher zu

after their arrival in New York, when they'd come upon a man robbing an elderly couple at gunpoint. "If we don't do it, who will?"

Who indeed?

So he'd given in. And—grudgingly—he had to admit to himself that he liked helping people, saving those who couldn't save themselves. And the more humans he and Claire saved the more of his humanity he seemed to regain. The goodness in Claire's heart was contagious, and she'd clearly infected him with it. Though there was no way in hell he'd admit it to anybody. After all, who'd ever heard of a nice vampire?

"She's hurt," Claire advised him now, while she tried to calm the scared woman.

"Heal her."

In the meantime, he'd take care of the jerk, who was now getting back onto his feet and turning around, fists at the ready. Jake grunted with

verprügeln, und wenn sie sich wehrten, machte es noch mehr Spaß. Meistens benutzte er nicht einmal seine vampirischen Kräfte, um sie zu bestrafen. Er empfand mehr Genugtuung dabei, wenn er seinen Gegner trat und schlug und dieser glaubte – wenn auch nur kurzfristig – dass sie gleich stark waren.

Jake schlug seine Faust ins Gesicht des Kerls und hörte, wie dessen Nase brach. Ein schmerzvoller Aufschrei hallte durch die Nacht und der Geruch von Blut erfüllte die Luft in der dunklen Gasse. Unfreiwillig wurden seine Fangzähne länger, doch er gab sich keine Mühe, sie vor dem Menschen zu verbergen. Dieser Scheißkerl verdiente es, Angst zu verspüren.

Jake blickte seinen Gegner finster an und zog seine Lippen von seinem Zahnfleisch zurück, um ihm einen Blick auf seine tödlichen Eckzähne zu gewähren.

„Verdammt!", krächzte der Mann und taumelte rückwärts.

Jake neigte seinen Kopf zur Seite. „Ja, das kannst du laut sagen." Langsam verringerte er den Abstand. Er zog seinen Arm

satisfaction. He loved beating up assholes, and when they tried to put up a fight, it was even more fun. And most of the time he didn't even use his vampire powers to exact punishment. He got more satisfaction out of it when he traded kicks and blows with his opponent and let him believe— if only for a while—that they were matched in strength.

Jake slammed his fist into the guy's face, hearing the bones in his nose break. A cry of pain echoed through the night, and the scent of blood permeated the air in the dark alley. Involuntarily, his fangs lengthened and he didn't bother hiding them from the human. The jerk deserved to feel fear.

Jake glared at his opponent, peeling back his lips from his gums to give him a good view of his deadly canines.

"Fuck!" the man croaked and stumbled backward.

Jake tilted his head to the side. "Yeah, you could say

zurück und landete einen Treffer im Magen des Kerls, wodurch dieser sich zusammenkrümmte.

„Nein! Bitte –", wimmerte er. „Töte mich nicht!"

Jake hatte nicht vor, ihn zu töten. Das wäre keine Strafe für das, was er der jungen Frau angetan hatte. Wie er ihr Angst gemacht hatte.

Jake drückte den Kerl gegen die Wand und brachte seine ausgefahrenen Fangzähne auf ein paar Zentimeter an ihn heran. „Nicht heute Nacht. Aber wenn du je wieder eine Frau anfasst, oder sie auch nur ansiehst, werde ich dich in Stücke reißen." Er knurrte und hielt inne, um das Geräusch von den Wänden widerhallen zu lassen. „Ich werde dich beobachten. Du bist nirgends vor mir sicher. Merk dir das. Eine falsche Bewegung und ich werde dich jagen wie ein Tier."

Der Mann zitterte vor Furcht. Er stank praktisch danach.

„Verstanden?"

Mit klappernden Zähnen schaffte er es zu nicken.

„Gut. Und nun zu deinem Abschiedsgeschenk..."

Jake schlug den

that." Slowly, he crossed the distance, pulled his arm back and landed a blow in the guy's gut, making him nearly fold in half.

"No! Please," he whimpered. "Don't kill me!"

He had no intention of killing him. It wouldn't be punishment for what he'd done to the young woman. How he'd scared her.

Jake pressed the guy against the wall and brought his face to within a few inches of his, fangs extended. "Not tonight. But you touch another woman, you as much as look at one, I'm going to rip you to shreds." He snarled, pausing to let the sound echo off the walls. "I'll be watching you. You're not safe from me anywhere. Know that. One false move, and I'll be hunting you like an animal."

The man trembled with fear. He fairly smelled of it.

"You understand?"

Teeth chattering, he managed to nod.

verachtenswerten Typen so stark, dass sein Kiefer brach und seine Augen bluteten, bevor er ihn in Richtung des Ausgangs der Gasse trat. „Renn, wenn du leben willst."

Er sah befriedigt zu, wie der verwundete Angreifer Richtung Straße taumelte. Als er verschwand, zog Jake seine Fangzähne ein. Dann machte er kehrt und marschierte dorthin, wo Claire sich um die Frau kümmerte.

Er ging neben den beiden in die Hocke und schätzte schnell die Verletzungen der Frau ein. Sie hatte Schürfwunden an Armen und Händen sowie an ihrem Hals und im Gesicht. Aber die Wunden waren nicht tief. Der Schock und die Angst waren das deutlich größere Problem.

Aber es schien so, als würde sich Claire bereits darum kümmern, denn die Augen des Opfers wirkten, als würden sie sich auf nichts konzentrieren, als wäre die Frau in einer Trance.

„Benutzt du Gedankenkontrolle?"

Claire blickte ihn einen Augenblick an. „So wie du es mich gelehrt hast. Ihre Wunden

"Good. As for your goodbye present…"

Jake pounded into the despicable human, breaking his jaw and bloodying his eyes, before he kicked him toward the exit of the alley. "Run if you want to live."

He watched with satisfaction as the injured assailant staggered toward the next street. When he turned a corner, Jake retracted his fangs. Then he pivoted and marched to where Claire was taking care of the young woman.

He crouched down next to them and quickly assessed the human's injuries. She had lacerations on her arms and hands, as well as her neck and face. But the wounds weren't deep. The shock and fear were clearly the bigger problem.

But it appeared that Claire was already taking care of that, because the victim's eyes appeared to be focusing on nothing, as if she were in a trance.

"You're using mind

sind nicht ernst, aber ich will nicht, dass sie diese Erinnerungen hat."

Er nickte. „Da stimme ich dir zu."

Claire blickte wieder auf die Frau und konzentrierte sich auf sie. Jake beobachtete sie und bemerkte, wie ruhig und selbstsicher sie war. Während Claire ihre Gedanken in den Geist der jungen Frau sandte und die Erinnerungen an den Überfall auslöschte, bemerkte er, wie ihre Fingernägel zu Klauen wurden. Wunderschöne, tödliche Klauen. Klauen, mit denen sie immer tiefe Schnitte in seinem Rücken hinterließ, wenn sie sich liebten. Nur daran zu denken, machte ihn hart.

„Sie ist bereit", kündigte Claire an und schnitt sich mit ihrer Klaue in den Zeigefinger, bevor sie den blutenden Finger an die Lippen der Frau brachte, um sie davon trinken zu lassen.

Während sie der Frau ihr vampirisches Blut gab, blickte sie über ihre Schulter. „Ich bin immer noch fasziniert von der Heilkraft unseres Blutes. Kannst du dir die Wunden und Krankheiten control?"

Claire looked at him for a moment. "Just like you taught me. Her injuries aren't severe, but I don't want her to have those memories."

He nodded. "I agree."

Claire looked back at the woman and concentrated on her. He watched her, noticing how calm and self-assured she was. As she sent her thoughts into the woman's mind, erasing the memory of the attack, he noticed Claire's fingernails turn into claws. Beautiful, deadly claws. Claws with which she left deep cuts in his back whenever they made love. Just thinking of it made him hard.

"She's ready," Claire announced and punctured the pad of her index finger with her claw, before bringing the bleeding finger to the young woman's lips, making her drink from it.

While she fed the human the vampire blood, she looked over her shoulder. "I'm still

vorstellen, die wir damit heilen könnten?"

Jake schüttelte leicht den Kopf. Er überließ es Claire, der gute Samariter zu sein. „Wenn Menschen von unserer Existenz wüssten und wozu unser Blut fähig ist, würden sie uns bis ans Ende der Welt jagen."

Claire zeigte auf den Ausgang der Gasse. „Du hast die Erinnerungen dieses Mannes nicht ausgelöscht. Was lässt dich glauben, dass er nicht jedem erzählt, dass er von einem Vampir angegriffen wurde?"

„Er ist zu sehr damit beschäftigt, sich nicht in die Hose zu machen und sich ständig umzusehen, um auch nur ein Wort über die Geschehnisse von heute Nacht zu verlieren. Ich kenne diesen Typ Mensch. Sie jagen die Schwachen. Er wird nicht reden."

„Nein, wird er nicht. Dafür habe ich gesorgt."

Jake sprang auf und wirbelte gleichzeitig herum. Seine Hände waren schon in seiner Jackentasche, um einen Pflock herauszuziehen. Adrenalin pumpte in ihm – denn der Mann, der gerade gesprochen hatte, war

fascinated with the healing power of our blood. Can you imagine the illnesses and injuries we could heal?"

He shook his head lightly. Leave it to Claire to be the Good Samaritan. "If humans knew of our existence and what our blood is capable of, they'd hunt us to the ends of the earth."

Claire motioned to the exit of the alley. "You didn't wipe that man's memory. What makes you think he won't tell everybody that he was attacked by a vampire?"

"He's too busy peeing into his pants and looking over his shoulder to breathe a word about what happened here tonight. I know his type. Preying on the weak. He won't talk."

"No, he won't. I made sure of that."

Jake jumped up, whirling around at the same time, his hand already inside his jacket, pulling out his stake. Adrenaline was pumping

zweifellos ein Vampir.

Im Lichtschein der Hauptstraße stand der Fremde am Eingang zu der Gasse. Instinktiv wappnete sich Jake. Er war nicht nur dafür verantwortlich, Claire zu beschützen, sondern auch die junge Frau, um die sie sich gerade kümmerten.

Der Fremde bewegte sich mit stetem Schritt auf sie zu. Als er näher kam, nahm Jake eine Verteidigungshaltung ein und machte sich bereit. Denn es würde ohne Zweifel zum Kampf kommen, weil er jetzt, wo er das Gesicht des Mannes sehen konnte, wusste, dass dieser kein Schwächling war: Obwohl der Pferdeschwanz aus langem dunkelbraunem Haar vielleicht den Eindruck vermitteln mochte, dass der Kerl ziemlich gelassen war, ließ die lange Narbe, die von seinem linken Ohr bis zu seinem Kinn reichte, etwas anderes vermuten. Dieser Vampir würde nicht vor einem Kampf zurückschrecken: Seine Narbe wies darauf hin, dass er auch als Mensch tapfer gekämpft hatte.

„Bring die Frau in Sicherheit, Claire", murmelte Jake und drehte

through him—because the man who'd spoken was without a doubt a vampire.

Silhouetted against the lights from the main street, the stranger stood at the entrance to the alley. Instinctively, Jake braced himself. He was not only responsible for protecting Claire, but also the young human in their temporary care.

The stranger moved toward him with a steady gait. As he came closer, Jake squared his stance, readying himself for the fight. And there would be a fight, no doubt. Because now that he could see his face, he knew this man was no pushover: while the ponytail of long dark-brown hair might have given the impression that he was a laid-back guy, the long scar that reached from his left ear to his chin gave an altogether different one. This vampire wouldn't shy away from a fight: his scar suggested that even as a human he'd fought ferociously.

"Get the woman to safety,

leicht den Kopf.

Aber Claire war schon aufgesprungen. „Ich weiche dir nicht von der Seite."

„Verdammt, tu, was ich dir sage."

„Ich schlage vor, sie bleibt, wo sie ist. Der Mensch ebenfalls", sagte der Vampir, der auf sie zukam und seine Arme ausbreitete. „Meine Freunde können sich um sie kümmern."

Von hinter ihm erschienen zwei weitere Männer, die nun auf sie zugingen.

„Scheiße!", fluchte Jake. Den mit der Narbe hätte er vielleicht besiegen können, aber noch zwei weitere? Wäre er alleine, würde er nicht zögern, aber er musste an Claires Sicherheit denken, genauso wie an die der menschlichen Frau.

Er hob sein Kinn. „Haben du und deine Freunde den Mann getötet?"

Ein Mundwinkel des Narben-Vampirs zog sich zu einem Grinsen hoch. „Sehe ich so aus, als würde ich zum Spaß töten?"

„Tust du." Genauso wie die zwei anderen, deren Gesichter er jetzt ebenfalls deutlich sehen

Claire," he murmured, turning his head slightly.

But Claire had already jumped up. "I'm not leaving your side."

"Damn it, do as I say."

"I'd suggest she stays where she is. The human, too," the vampire coming toward them said, spreading his arms. "My friends can take care of her."

From behind him, two more men appeared, both now walking toward them.

"Shit!" Jake cursed. The one with the scar he could have defeated, but two more? Were he alone, he wouldn't hesitate, but he had to consider Claire's safety, as well as that of the human woman.

He lifted his chin. "You and your friends killed the human?"

One side of the scarred vampire's lip curled up in a sneer. "Do I look like I kill for pleasure?"

"You do." As did the other two, whose faces he could see

konnte.

Beide Männer waren groß. Während der auf der linken Seite schlank und kahlköpfig war und ein böses Grinsen aufgesetzt hatte, war der andere wie ein Panzer gebaut und trug schulterlanges schwarzes Haar.

Der Panzer lachte leise. „Gabriel, du solltest keine solchen Fragen stellen. Du machst dem Kerl nur Angst."

Gabriel, der mit der Narbe, warf einen flüchtigen Blick über seine Schulter. „Schnauze, Amaury. Kommen wir zum Geschäft."

„Ich kümmere mich um den Menschen", bot der kahle Vampir an.

Amaury, der Panzer, zog eine Augenbraue hoch. „Wirklich, Zane?" Er schüttelte grinsend den Kopf. „Die wirst du nur zu Tode erschrecken. Du hast kein Einfühlungsvermögen, wenn es um Frauen geht. Ich kann das besser."

„Niemand rührt die Frau an", knurrte Jake und machte einen Schritt auf die drei Männer zu. „Sie steht unter meinem Schutz."

„Und unter meinem!",

clearly now.

Both men were tall. While the one on the left was skinny and bald and had an evil sneer on his face, the other was built like a tank and wore his black hair down to his shoulders.

The tank chuckled. "Gabriel, you shouldn't ask questions like that. You're just spooking the guy."

Gabriel, the scarred one, tossed a quick look over his shoulder. "Shut it, Amaury. Let's get down to business."

"I'll take care of the human," the bald vampire offered.

Amaury, the tank, lifted an eyebrow. "Really, Zane?" He shook his head, grinning. "You're just gonna scare the shit out of her. You have no sensitivity when it comes to women. I'm better at that."

"Nobody touches the human," Jake growled, taking a step toward the three men. "She's under my protection."

"And under mine!" Claire piped up, moving shoulder-to-

meldete sich Claire zu Wort und stellte sich Schulter an Schulter neben ihn.

„Verdammt, Claire!" Konnte diese Frau nicht ein einziges Mal auf ihn hören und sich in Sicherheit bringen, wenn er sie darum bat?

„Sieht so aus, als könnte er nicht einmal seine eigene Frau kontrollieren", bemerkte Zane, der Kahle. „Gabriel, bist du dir sicher?"

„Ich bin mir sicher." Gabriel ließ seine Augen über Claire und dann wieder über ihn wandern. „Wir haben die letzten Nächte hinter euch aufgeräumt."

„Aufgeräumt? Du meinst, die Kriminellen getötet, denen ich eine Lektion erteilt habe?"

„Das habe ich nicht gesagt." Gabriel, der offensichtlich der Anführer der drei war, wechselte einen Blick mit seinen zwei Gefährten. „Da du es nicht für notwendig erachtet hast, ihr Gedächtnis zu löschen, habe ich das für dich übernommen. Und das nervt mich langsam. Also dachten wir, dass wir dich zu uns holen. Und dir die Regeln erklären."

shoulder with him.

"Damn it, Claire!" Couldn't this woman listen for once and get herself to safety like he'd asked her to?

"Looks like he can't even control his own woman," Zane, the bald one, commented. "Gabriel, you sure about this?"

"I'm sure." Gabriel ran his eyes over Claire then back to him. "We've been cleaning up after you for the last few nights."

"Cleaning up? You mean killing the criminals I was teaching a lesson?"

"I didn't say that." Gabriel, who clearly was the leader of the three, exchanged looks with his two cohorts. "Since you didn't find it necessary to wipe their memories, I did it for you. And it's getting a little annoying. So we figured we'd bring you in. Make you aware of the rules."

"Bring me in?" Jake's jaw set into a grim line. "Over my fucking charred body."

"Definitely stubborn,"

„Zu euch holen?" Jakes setzte eine düstere Miene auf. „Nur über meinen verkohlten Körper."

„Definitiv stur", warf Amaury ein. „Ich mag ihn."

Mit gerunzelter Stirn warf ihm Jake einen Blick zu. „Tja, ich mag euch aber nicht. Keinen von euch."

„Was für eine Schande", knurrte Zane, „und ich dachte mir, wir könnten beste Freunde werden."

„Unwahrscheinlich!" Er bezweifelte, dass Zane zu Freundschaft fähig war. Der Kerl verströmte eine Aura des Bösen.

„Vielleicht hatten wir einen schlechten Start", sagte Gabriel ruhig. „Ich glaube, dass eine Vorstellung angebracht wäre. Ich bin Gabriel Giles." Er zeigte auf den Panzer. „Darf ich euch meine Kollegen vorstellen: Amaury –" Dann zeigte er auf den Kahlen. „– und Zane. Wir sind Bodyguards."

„Bodyguards? Ihr wollt mich wohl verscheißern." Wer hatte schon mal davon gehört, dass Vampire Bodyguards waren?

Gabriel nickte. „Wir arbeiten für eine Firma namens Scanguards."

Amaury threw in. "I like him."

Forehead furrowed, Jake tossed him a look. "Yeah, well, I don't like you. None of you."

"What a shame," Zane grunted, "and there I thought we'd become best buddies."

"Not likely!" He doubted that Zane was capable of friendship. The guy gave off an air of pure evil.

"Maybe we started off on the wrong foot," Gabriel said calmly. "I believe introductions are in order. I'm Gabriel Giles." He motioned to the tank. "Meet my colleagues: Amaury—" Then he pointed to the bald one. "—and Zane. We're bodyguards."

"Bodyguards? You're shitting me." Who'd ever heard of vampires being bodyguards?

Gabriel nodded. "We work for a company called Scanguards."

Jake shrugged. "Never heard of it."

"That's how it's supposed to be. We don't exactly advertise our services."

Jake zuckte mit den Schultern. „Nie davon gehört."

„So soll es auch sein. Wir machen nicht unbedingt Werbung für unsere Dienste."

Ungeduldig fragte Jake: „Was wollt ihr?"

Gabriel neigte den Kopf in Richtung der Sterblichen. Sofort hob Jake die Hand, packte den Pflock fester und knurrte.

„Hitziges Gemüt", warf Zane ein. „Gefällt mir."

Gabriel ignorierte den Kommentar seines Kollegen und machte eine beruhigende Handbewegung. „Du verstehst mich falsch. Ich will die Frau nicht. Aber mir gefällt, dass ihr sie beschützt. Genauso wie du und deine Frau anderen Menschen geholfen habt. Deshalb wollte ich mit dir reden."

„Das ist ein Trick, oder? Ihr wollt, dass ich mich entspanne, damit ihr mich und Claire und dann die Sterbliche töten könnt."

Gabriel schüttelte den Kopf.

„Nicht gerade der Hellste", meinte Zane.

Gabriel warf ihm einen verärgerten Blick zu. „Du bist keine Hilfe."

Getting impatient, Jake asked, "What do you want?"

Gabriel tilted his head toward the human. Instantly Jake lifted his hand, gripping the stake tighter, and growled.

"Quick temper," Zane tossed in. "I like that."

Gabriel ignored his colleague's comment and made a calming hand movement. "You misunderstand me. I don't want the human. But I like that you're protecting her. Just like you and your woman have been helping other humans. That's why I want to talk to you."

"It's a trick, isn't it? You want me to relax so you can kill me and Claire and then kill the human."

Gabriel shook his head.

"Not the brightest bulb in the shed," Zane grunted.

Gabriel tossed him an annoyed glance. "You're not helping."

"Didn't think I was supposed to."

"Excuse my associate. I'm

„Ich war mir nicht bewusst, dass ich helfen sollte."

„Entschuldige meinen Partner. Zane hat leider Schwierigkeiten, neue Leute zu akzeptieren, die wir anstellen wollen."

Hatte er richtig gehört? „Anstellen?"

„Ja. Wir können die steigende Auftragslage mit unserer gegenwärtigen Mitarbeiterzahl nicht bewältigen. Samson, unser Boss, hat uns damit beauftragt, gleichgesinnte Vampire zu rekrutieren."

Konnte das wirklich stimmen? „Gleichgesinnte?", ertappte er sich zu fragen.

Amaury klopfte Gabriel auf die Schulter und grinste. „Ja, weißt du, knuddelige, flauschige Vampire wie wir –" Bei diesen Worten zeigte er auf Zane und Gabriel. „– die sicherstellen, dass das Verbrechen nicht überhand nimmt. Wir brauchen Kerle wir dich, die uns helfen, die Unschuldigen zu beschützen." Er hielt einen Moment inne. „Die Bezahlung ist auch nicht übel."

Jake wechselte einen Blick mit Claire, die genauso überrascht wirkte wie er. Dann starrte er

afraid Zane has a hard time accepting new people we want to hire into the company."

Had he heard correctly? "Hire?"

"Yes. We can't handle the increasing workload with the number of bodyguards we currently have. Samson, our boss has tasked us with recruiting more likeminded vampires."

Could this be real? "Likeminded?" he found himself asking.

Amaury patted Gabriel on the shoulder, grinning. "Yeah, you know, cuddly, fuzzy vampires like us—" At those words he pointed to Zane and Gabriel. "—who make sure crime doesn't get out of hand. We need guys like you to help us protect the innocent." He paused for a moment. "Pays well, too."

Jake exchanged a look with Claire, who appeared just as surprised as he. Then he stared back at the three vampires. "You're here to recruit me?"

wieder auf die drei Vampire. „Ihr seid hier, um mich anzuwerben?"

Gabriel nickte. „Willst du den Job? Du wirst für das bezahlt, was du momentan sowieso machst. Die Straßen von Manhattan zu patrouillieren und die Unschuldigen zu beschützen. Es wird auch andere Aufträge geben. Wir arbeiten für Politiker, Stars, jeden, der sich unsere Dienste leisten kann."

Das klang immer besser. Er packte Claires Hand und blickte sie an. „Ich arbeite nur im Team."

„Du wirst ein Team bekommen", versicherte ihm Gabriel.

„Claire ist meine Partnerin. Wir kommen nur im Paket. Stellst du mich ein, dann stellst du auch sie ein."

„Nur, weil sie deine Liebhaberin ist –"

„Sie ist die Frau, die ich liebe", unterbrach er Gabriel.

Gabriel wechselte einen Blick mit seinen beiden Partnern, während Claire an seiner Hand zerrte, damit er sie ansah.

„Du liebst mich?", murmelte sie.

Er neigte sich zu ihr. „Mehr

Gabriel nodded. "You want the job? You'd get paid for what you're obviously already doing. Patrolling the streets of Manhattan and protecting the innocent. There'll be other assignments, too. We work for politicians, celebrities, anybody who can afford us."

This sounded better and better. He gripped Claire's hand, looking at her. "I work in a team."

"You'll be teamed up with somebody," Gabriel reassured him.

"Claire is my partner. We're a package deal. You hire me. You hire her."

"Just because she's your lover—"

"She's the woman I love," he cut Gabriel off.

Gabriel exchanged a look with his two associates, while Claire tugged at his hand, making him meet her eyes.

"You love me?" she murmured.

He bent closer. "More than my life. And I should have told

als mein Leben. Und das hätte ich dir schon lange sagen sollen."

Plötzlich lagen ihre Arme um seinen Hals und ihre Lippen strichen gegen seine. „Ich liebe dich, Jake."

Er nahm ihre Lippen in einem leidenschaftlichen Kuss gefangen.

„Das ist ja einfach toll", grummelte Zane. „Weißt du, Gabriel, wenn du darauf bestehst, beide anzuheuern, musst du Regeln aufstellen, dass Knutschen bei der Arbeit nicht erlaubt ist."

Jake ließ von Claires Lippen ab und wandte sich wieder zu den drei Männern von Scanguards.

Gabriel blickte ihn an. „Okay, ihr habt beide einen Job bei uns, aber es wird Regeln geben. Verstanden?"

„Verstanden."

„Gut, dann schicken wir die menschliche Frau auf den Weg und bringen euch ins Scanguards Hauptquartier und stellen euch Samson vor." Gabriel näherte sich ihm mit ein paar langen Schritten und bot ihm die Hand an. „Willkommen bei Scanguards, Jake."

Jake schüttelte Gabriels Hand. Jetzt war alles in seinem Leben you so long ago."

Suddenly her arms were around his neck and her lips brushing over his. "I love you, Jake."

He took her lips in a passionate kiss.

"Well, that's just great," Zane grumbled. "You know, Gabriel, if you insist on hiring both, you're gonna have to make a rule that there's no kissing on the job."

Jake let go of Claire's lips and turned back to the three men of Scanguards.

Gabriel met his gaze. "Okay, you both have a job with us, but there'll be rules. Got that?"

"Got it."

"Good, then let's send the human on her way, and we'll take you to Scanguards HQ and introduce you to Samson." Gabriel crossed the distance between them with several long strides, offering his hand. "Welcome to Scanguards, Jake."

Jake shook his hand.

perfekt. Claire liebte ihn und er liebte sie. Und jetzt war er Teil einer Gruppe von Vampiren, die es sich zur Aufgabe gemacht hatte, Gutes zu tun.

Was könnte es Besseres geben?

Everything in his life was perfect now. Claire loved him and he loved her. And now he would be part of a group of vampires who'd taken it upon themselves to do good.

What could be better than that?

~ ~ ~

ÜBER DIE AUTORIN

Tina Folsom ist gebürtige Deutsche und lebt schon seit über 25 Jahren im englischsprachigen Ausland, seit 2000 in Kalifornien, wo sie mit einem Amerikaner verheiratet ist.

Tina ist schon immer ein bisschen herumzigeunert und hat in vielen verschiedenen Orten gelebt: nach Lausanne in der Schweiz, arbeitete sie kurzzeitig auf einem Kreuzfahrtschiff im Mittelmeer, verbrachte dann ein Jahr in München, bevor sie nach London zog. Dort ließ sie sich als Buchhalterin ausbilden. Aber die Wanderlust ergriff sie nach 8 Jahren in England, und sie zog über den großen Teich.

In New York war sie ein Jahr auf der berühmten Schauspielschule, der American Academy of Dramatic Arts. Danach blieb sie ein Jahr in Los Angeles, wo sie an der UCLA Drehbuchschreiben studierte. Dort lernte sie auch ihren Mann kennen, der in San Francisco lebte. So zog sie kurzerhand drei Monate später nach San Francisco.

Erst war sie dort als Buchhalterin und Steuerberaterin tätig. Sie machte sogar ihre eigene Kanzlei auf. Doch damit war sie noch nicht ganz zufrieden. Eine Zeit lang hatte sie ihr eigenes Immobiliengeschäft, aber das Schreiben vermisste sie sehr. Also fing sie im Herbst 2008 wieder damit an und schrieb ihren ersten Liebesroman.

Vampire haben es ihr schon immer angetan. Mittlerweile hat sie über 39 Bücher in Englisch sowie über vier Dutzend in anderen Sprachen (Französisch, Spanisch und Deutsch) herausgegeben.

Tina hört gerne von ihren Lesern. Schreiben Sie ihr doch einfach eine email: tina@tinawritesromance.com

http://facebook.com/TinaFolsomFans
Twitter: @Tina_Folsom
www.tinawritesromance.com

ZWEISPRACHIGE TASCHENBÜCHER

Eine reizende Diebin
Begleiterin für eine Nacht
Begleiterin für tausend Nächte
Begleiterin für alle Zeit
Eine unvergessliche Nacht
Eine langsame Verführung
Eine hemmungslose Berührung
Der Clan der Vampire (Venedig 1)
Der Clan der Vampire (Venedig 2)
Der Clan der Vampire (Venedig 3)
Der Clan der Vampire (Venedig 4)
Brennender Wunsch
Ewiger Biss

www.ingramcontent.com/pod-product-compliance
Ingram Content Group UK Ltd.
Pitfield, Milton Keynes, MK11 3LW, UK
UKHW042002230426
12048UKWH00009B/503